中华经典之道丛书

顾作义◎编著

《劝学》之学习之道

暨南大学出版社
JINAN UNIVERSITY PRESS
中国·广州

图书在版编目（CIP）数据

《劝学》之学习之道/顾作义编著．—广州：暨南大学出版社，2022.8
（中华经典之道丛书）
ISBN 978-7-5668-3322-8

Ⅰ．①劝…　Ⅱ．①顾…　Ⅲ．①儒家②《荀子》—研究
Ⅳ．①B222.65

中国版本图书馆 CIP 数据核字（2022）第 035843 号

《劝学》之学习之道
《QUANXUE》ZHI XUEXI ZHI DAO
编著者：顾作义

出 版 人：张晋升
责任编辑：周海燕
责任校对：林　琼
责任印制：周一丹　郑玉婷

出版发行：暨南大学出版社（511443）
电　　话：总编室（8620）37332601
　　　　　营销部（8620）37332680　37332681　37332682　37332683
传　　真：（8620）37332660（办公室）　37332684（营销部）
网　　址：http://www.jnupress.com
排　　版：广州良弓广告有限公司
印　　刷：深圳市新联美术印刷有限公司
开　　本：850mm×1168mm　1/32
印　　张：5.5
字　　数：86 千
版　　次：2022 年 8 月第 1 版
印　　次：2022 年 8 月第 1 次
定　　价：38.00 元

总　序

中华优秀传统文化历史悠久，博大精深，魅力无穷，是中华民族的“根”、中华民族的“魂”，是中华文化自信的源头与活水，也是中华民族的力量所在。

中华优秀传统文化也是人类共有的精神财富，具有普遍意义。正如习近平总书记指出：“中华文化源远流长，积淀着中华民族最深层的精神追求，代表着中华民族独特的精神标识，为中华民族生生不息、发展壮大提供了丰厚滋养。”①

中华经典是中华优秀传统文化的“精华”，是我们增强中华文化自信、自尊、自觉的积淀；它是超越时空的，跨越国界的，一直能够回应当代人的生活之问，特

① 习近平：《习近平谈治国理政》（第一卷），北京：外文出版社 2018 年版，第 164 页。

别是在科技发达、社会巨变的时代，为我们提供了走出价值迷津，防止人性物化的“良方”。学习中华经典也是一个人寻求自我完善的最佳途径。

读经典是与高人对话、与历史对话、与人生对话、与生命对话，是吸收精神滋养，开启智慧，丰富人生。经典穿越时空，观照当下，照亮未来。读经典要“入乎其中，又出乎其外”，要消化、吸收、更新。学习经典要从认知入手，朗读、记忆、思考，然后去体悟和运用。读经典最有效的办法是带着问题去研读，这样才能有收获。我们如果能有一个读书计划，每两个月读一本，一年读六本，三年的时间也可以精读十八本。如果能立志、坚持，一定能实现博学、笃行。

当下，有些人对中华传统文化的理解，大多局限于“中国结”“功夫”“美食”“手艺”等符号化、浅表性的平面维度上，缺乏对其精神内核、价值理念、道德思想和审美情趣的学习和研究，其实，这些才是中华优秀传统文化最宝贵、最核心的内容。而这些宝贵的精神思想和审美理念，都蕴含于中华经典之中。从形式范畴的角度来看，中国传统文化的结构可以划分为五个层面，即“道”“器”“法”“术”“势”，如下所示：

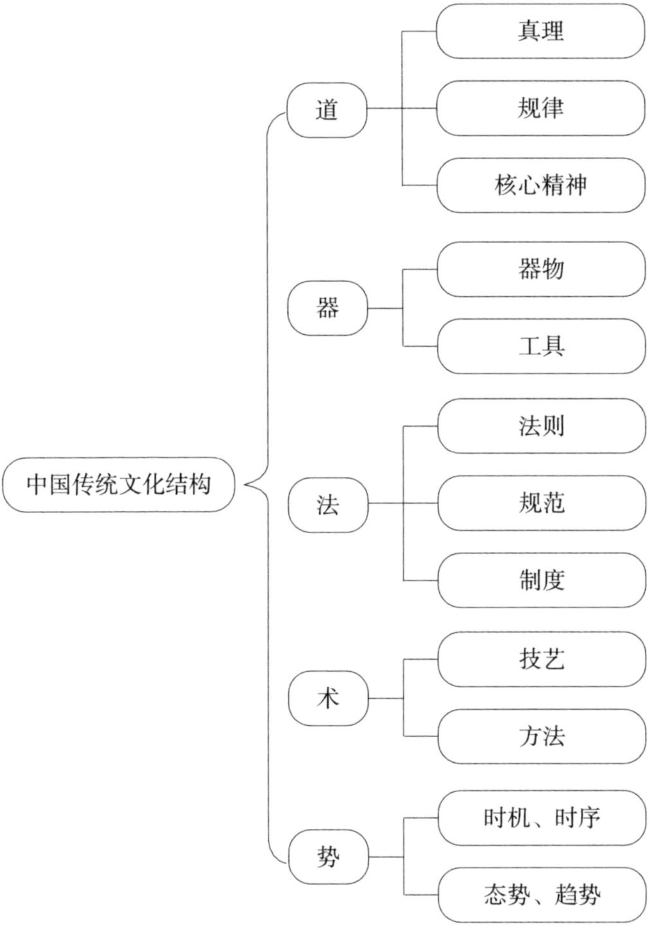

如果从内容范畴着眼，可把中华优秀传统文化划分为三个层次：

1. 第一个层次：道

“道”涵括两个方面：①精神基因、价值取向；②世界观、方法论。具体包含：

（1）“天下为公”的社会理想；

（2）“天人合一”的生存智慧；

（3）“民为邦本”的为政之道；

（4）“民富国强”的奋斗目标；

（5）“公平正义”的社会法则；

（6）“和谐共生”的相处之道；

（7）“自强不息”的奋斗精神；

（8）“精忠报国”的爱国情怀；

（9）“革故鼎新”的创新意识。

2. 第二个层次：德

“德”指向行为方式，具体包含：

（1）“中庸之道”的行为方式；

（2）“经世致用”的处世方法；

（3）“仁者爱人”的道德良心；

（4）“孝老爱亲”的家庭伦理；

（5）“敬业求精”的职业操守；

（6）“谦和好礼”的君子风度；

（7）“包容会通”的宽广胸怀。

3. 第三个层次：艺

“艺”涵括艺术形态和审美情趣，具体包含：

（1）“诗书礼乐”的情感表达；

（2）“琴棋书画”的艺术情趣；

（3）形神兼备、情景交融的美学追求；

（4）俭约自守、中和安泰的生活理念。

那么，如何学习和弘扬中华优秀传统文化呢？习近平总书记提出了“双创”的原则——“创造性转化、创新性发展”。具体来说，就是应力求做到五个“贯通”：

第一，贯通儒、释、道。中国传统文化的发展脉络是“一源三流”，如下所示：

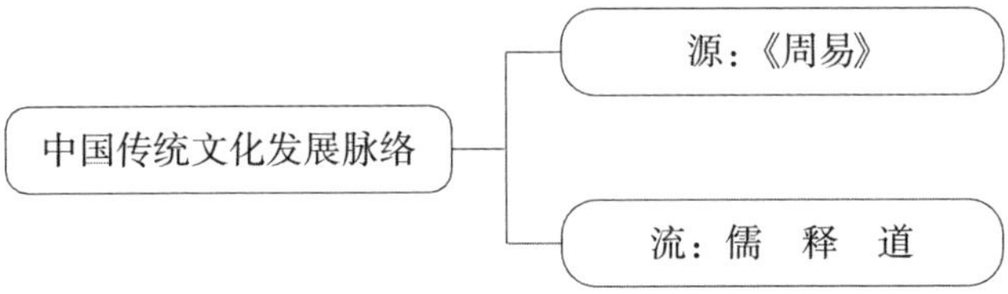

儒、释、道可以说是中国传统文化的三大支柱，既有共同的思想与理念，也有不同的观点与方法。可以说，它们是你中有我，我中有你，但又各具特色。如儒家的

"入世"与佛家的"出世"，儒家的"有为"与道家的"无为"，都存在内在的联系，只有取长补短、博采众长，才是科学的态度和正确的方法。

儒、释、道三家各有其独特的理论体系，发挥着独特的功能，它们之间不完全是对立的，有着很强的互补性。儒学是养性，主要讲为人处世的德行，用"仁、义、礼、智、信"作为准则，讲的是如何处理好人与人之间的关系。释家即佛学是养命，主要讲的是人自身的身心和谐，讲的是人的"灵性"，是一种对生命的终极关怀。佛学认为"心生万法"，修命可以理解为"修心"。道学是养身，"万物与我为一""道法自然"，主要是讲人与自然的关系，要与自然和谐相处。人的身、心、性、灵的修养，离不开"三教"的学问，必须融会贯通。历史上不少思想家如王阳明、梁启超、梁漱溟等都是跨"教"的高手，他们善于把"三教"的思想融会贯通。其实，在中华经典中，"三教"的经典是互相渗透的。有人说，人生的最高境界是：佛为心，道为骨，儒为表。

第二，贯通"道、术、势"。中华优秀传统文化有三大基本内容，一是"道"，这是真理、规律，是中国传统文化的核心精神，"道"决定了"德"，表现为

“术”，适用于“势”，学习领悟传统文化关键在于“悟道”“行道”；二是“术”，这是“道”的表现形式和创造方式，是中国人的思维方式在行为上的表现，也是实现“道”的策略和方法；三是“势”，这是事物的发展趋势、形势，是当下的运用，是“道”与“术”的落脚点。中华优秀传统文化的学习和运用，要用“道”来统率“术”和“势”，直达文化的内核，这是领悟传统文化的根本。为此，学习中华优秀传统文化要把重点放在明道、养德、启智。

第三，贯通文、史、哲。哲学家培根说：“读史使人明智，读诗使人灵秀，数学使人周密，科学使人深刻，伦理学使人庄重，逻辑修辞之学使人善辩。凡有所学，皆成性格。”在对经典的解读中，文学可以把抽象的理论讲得生动有趣，史学可以以史为鉴、启智明理，哲学可以使之深刻透彻，把这三者贯通起来可以相得益彰，实现道、德、艺的统一。

第四，贯通古今。经典的学习是以古鉴今，古为今用。这就要适应时代的变迁，与时俱进，立足当下，关注现实，从中寻找解决现代人心灵、道德困境的方法。

第五，贯通中西。中华优秀传统文化是中国的，也是世界的。对中国传统文化妄自菲薄是缺乏自信的表现；而夜郎自大，对外来文化加以排斥则是傲慢的表现。因此，必须互相尊重、理解、借鉴、交流，一方面，要用开放的胸襟接纳、借鉴外来的文化并加以创新，把西方优秀文化本土化；另一方面，让中华优秀传统文化走向世界，增进世界对中国文化的理解，增强中华文化的创新力、感召力和影响力。

习近平总书记 2014 年 9 月 24 日在纪念孔子诞辰 2 565 周年国际学术研讨会暨国际儒学联合会第五届会员大会开幕会上的讲话指出："在带领中国人民进行革命、建设、改革的长期历史实践中，中国共产党人始终是中华优秀传统文化的忠实继承者和弘扬者，从孔夫子到孙中山，我们都注意汲取其中积极的养分。"

然而，经典毕竟是几千年前的产物，随着时代的进步，有的内涵发生了变化，我们不能"食古不化"，而应在中国文化优秀基因的基础上，赋予其新的内涵并加以丰富和发展，这就需要进行现代解读，这个解读就是习近平总书记指出的进行"创造性转化、创新性发展"。具体来说，解读的方法有以下几种：一是选择新的视角。经典的内涵是丰富的，全面的学习是一个基础。在此基础上，要观照当下，紧扣当今人们的精神呼唤，直面新需求、新问题，用新的视角去解读、去体悟，从中获得新的答案。二是实现新的转化。中华经典是历史的产物，随着时代的发展，必然有新的语境、新的要求，为此，在转化中要“不忘本来”，不忘中华优秀传统文化的根脉，注入时代精神，赋予新的内涵，焕发其生机和活力；要“吸收外来”，以开放的心态，接纳世界的优秀文化，取长补短，博采众长，既不自卑，也不自大；要“面向未来”，着眼于造福子孙万代和永续发展，为未来的发展夯实根基，提供不竭的精神动力和力量源泉。三是致力于新的超越。经典可以温故知新，思想文化的新发现，科学技术的新发明，为新思想、新观点创造了新条件，这就要在新的时代加以丰富和发展。正是基于以上的认识，我从几年前着手进行“中华经典之道丛书”的写作，完成了《〈劝学〉之学习之道》《〈黄帝内经〉之养生之道》《〈道德经〉之辩证思维之道》《〈菜根谭〉之处世之道》《〈庄子〉之生命关怀之道》《〈六祖坛经〉之修心之道》《〈人物志〉之用人之道》《〈列女传〉之女性修养之道》等。这一丛书的写作有三方面考虑：一是分主题切入，分类选择主题，集中于某一个侧面进行解读；二是观照当下，关注现实，结合当代人的现实生活，以古鉴今；三是力求通俗易懂，经典大多比较深奥难懂，为此，必须用现代的语言进行讲解，用讲故事的方法来阐述道理。

“中华经典之道丛书”中每一册以一部经典为范本，选择一个主题作为切入点对经典进行导读，始终在“贯通”两字上下功夫，观照当下，学以致用，寻找传播、普及中国传统文化的新路径，这也是一种新的尝试。

“中华经典之道丛书”的写作，让我重温经典，对我来说是一次再学习，我从中增长了知识，更为重要的是完成了心灵的修炼，虽然辛苦，但乐在其中。由于能力、水平有限，本丛书一定存在一些不足，期待得到读者的指正。

是为序。

作者于广州

2022 年 3 月 25 日

目　录

引　言

三更灯火五更鸡，正是男儿读书时。

黑发不知勤学早，白首方悔读书迟。

这是唐代著名书法家颜真卿写的一首《劝学诗》。颜真卿创立了颜体楷书，与赵孟頫、柳公权、欧阳询并称为“楷书四大家”。据说颜真卿当年学习书法，曾拜书法名家张旭为师。张旭是唐代首屈一指的大书法家，各种字体都会写，尤其擅长草书，颜真卿希望能在名师的指点下，很快地学到书法的“窍门”。但是拜师以后，张旭并没有透露半点学习书法的秘诀，只是给颜真卿介绍了一些名家帖子让他临摹，颜真卿以为老师不肯把“真经”传授给他，忍不住提出要求老师把秘诀传授给他。张旭告诉他，学艺要是有什么诀窍的话，那就是勤学苦练，只有肯下苦功才有可能成功。

老师的教诲让颜真卿真正明白了为学之道，从此，他从基础开始，扎扎实实地勤学苦练，终于成为一位大书法家。

颜真卿在这首《劝学诗》中，劝导人们从早立志于学，珍惜时光，勤奋好学，建功立业，不辜负青春年华，不要给人生留下遗憾和后悔。

我国古代的先哲对学习非常重视。孔子可以说是一个爱学习、善学习的典范。孔子在《论语》中讲到“学习”的有几十处之多。

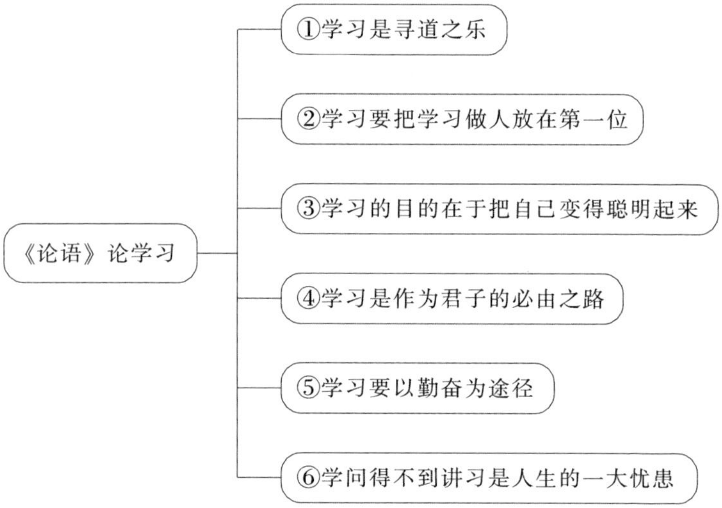

孔子把学习当作一件快乐的事情，当作一种精神享受，《论语·学而篇》：“学而时习之，不亦说乎?”孔子说，学了知识之后，又适时地练习实践，不是一件快乐的事情吗？孔子认为学习可以获取乐趣，是一种精神享受。学习带给人的快乐是“寻道之乐”，是既不离世俗，又超越世俗的真、善、美之乐，是超越感官满足之乐，是一种高级的精神享受。的确，学习是知识的增长，是心灵的修炼，也是境界的升华。

孔子把学习做人放在第一位，把学习文化知识放在第二位，他说：“弟子，入则孝，出则弟，谨而信，泛爱众，而亲仁。行有余力，则以学文。”意即年轻人在家要孝顺父母，出外要敬重兄长，行为谨慎而说话诚实，普遍关怀别人并且亲近具有仁德的人。这样实践以后，如还有精力，就用来学习文化知识。他主张先“进德”再“修业”，先学做人再去学做学问，实践好孝、悌、谨、信、爱众、亲仁六件事以后再去研究学问。

孔子强调学习使人变得聪慧，他说：“君子不重则不威，学则不固。”意思是说，君子言行不庄重，就没有威严；君子致力于学术，就不会固执。博学多闻的人不会顽固而不知变通，不会“一根筋”，不懂融通和灵活处事。学习开启人的灵性，改变了僵化、片面的思维，使人有了大智慧、大格局、大胸怀。

孔子把好学作为君子的一个标志，他说："君子食无求饱，居无求安，敏于事而慎于言，就有道而正焉，可谓好学也已。"他认为要成为君子，饮食不求饱足，居住不求舒适，办事勤快而说话谨慎，主动向有学问、有道德的人学习并匡正自己，这样就可以说是好学的了。他认为好学的人，并不过分地追求物质的享受，而是甘于清贫，在言行上磨炼及改善自己，然后再虚心向良师请益，从而使自己走上正途，成为一个品德高尚、心灵丰富、敢于担当的人。在《论语·为政篇》中，孔子还强调学习要早立志向，他说："吾十有五而志于学"，意思是说：我十五岁时就立志于学习。在《论语》的其他篇中，还有许多讲学习的，由于篇幅的关系，不一一列举。

当今我们正处于百年未有之大变局，科学技术突飞猛进，新发明、新技术、新材料、新能源等层出不穷，如人工智能、基因编辑、区块链等让我们眼花缭乱，如何提高学习能力，避免"本领恐慌"成为新的课题；信息传播速度加快，每天我们都受到"信息轰炸"，这些信息多、快、乱，鱼龙混杂，真假难辨，如何提高对信息的辨别力、吸收力，特别是保持内心的平静和定力，挑战着每一个人的学习能力；人们的思想观念日益多元，并呈冲突、交融趋势，传统与现代、东方与西方的观念冲突与交流前所未有，对此如何进行选择、借鉴、吸收、创造，呈现出巨大的难度；如何通过学习，使心灵丰盈，灵魂得以安顿，也成了每一个人要正确面对的问题。当今知识学科出现了交叉融合的大趋势，这要求我们具备更加丰富的想象力、创造力，以及更加强大的洞察力、预见力，并迫切要求我们变革思维方式，通过学习，获得大智慧，实现大超越。

学习力是一个人的基本能力和第一能力。一个人呱呱坠地以后，面临的第一个任务就是学习。首先是学会生存，一个人在幼年的时候，是处于蒙昧状态的，只有通过学习，才能获得生存能力，适应新的环境，并健康成长；其次是学会生活，即提高生活能力，学一技之长，在社会上立足，并在独立、自足的基础上，为社会作出贡献；再次是发展自己，即提高自我的发展能力，发挥生命潜能，实现人生价值。学习是我们汲取精神食粮，享受生活乐趣，放飞独立思想，修炼伟大心灵的桥梁；

是我们升华气质、提高品质、突破自我、提升生命价值的大道；也是一个人通往幸福人生、快乐人生的时空之门。学习不但可以延长生命的长度，而且可以增加生命的厚度，提升生命的温度。

学习力也是家道兴旺、世代传承的纽带。中华民族素来有诗书传家的传统，书香门第熏陶出的子女大多是仁爱孝悌、知书达礼、诚实守信、奋发进取的人。

学习力更是国运繁荣昌盛的基础。学习力决定了一个民族的素质和未来，它是一个国家发展的动力，是创新的源泉，中华民族的伟大复兴在一定意义上取决于国民的学习力。

习近平总书记是勤学、好学、善学的典范。他在《在实现中国梦的生动实践中放飞青春梦想》一文中说：“古人说：‘学如弓弩，才如箭镞。’说的是学问的根基好比弓弩，才能好比箭头，只要依靠厚实的见识来引导，就可以让才能很好地发挥作用。青年人正处于学习的黄金时期，应该把学习作为首要任务，作为一种责任、一种精神追求、一种生活方式，树立梦想从学习开始、事业靠本领成就的观念，让勤奋学习成为青春远航的动力，让增长本领成为青春搏击的能量。”[①] 习近平总书记的这一要求不仅是对青年人提出的，也是对广大国民提出的。

什么是学习之道，什么是学习的真谛？我国古代先贤作出了科学而精确的回答，而最为系统、全面、具体的是荀子的《劝学》。

《劝学》是战国时期思想家荀子创作的一篇论说文，是荀子的代表作，也是《荀子》一书的第一篇。《劝学》围绕“学不可以已”这个中心论点，论述了学习的意义、内容、态度、途径、方法和境界等方面，有条理、分层次地加以阐述，并运用大量比喻来说明道理，层层推进。文章语言具体形象、精练生动，随着用笔的连续和手法的变换，形成整齐而又富于变化的句式，产生铿锵有力的节奏，表现出荀子谆谆劝学的激情，寓意深刻的哲理和科学有效的方法，从唯物主义的立场，阐述了学习的认识论和方法论，为我们打开了通向立德、启智、明道的大门。

今天，学习已经成为每一个人生活、工作的一部分，成为我们追求远大理想、增长才干、享受诗意人生的必

① 习近平：《习近平谈治国理政》（第 2 卷），北京：外文出版社 2018 年版，第 51 页。

备条件，成为传承好家风的必由之路，成为建设学习型社会、创新型国家的重要内容。学习关系一个人的学养、教养、修养和境界，关系一个民族的素质和力量，关系一个国家的前途和命运。如何让学习成为一个人的生活方式、生活习惯，成为一种工作责任，成为一种精神追求，成为一种思想境界，通过学习成为一个有品位、有品质、有品格的高素质的人，这是新时代面临的新课题。重温《劝学》可以让我们体悟和践行学习之道，从而成为一个至善至德至美之人。

本书以《劝学》为主线，结合孔子在《论语》中关于学习的论述，吸纳当代有关学习的研究，阐述学习之道。

第一讲 《劝学》："君子之学"的经典之作

“劝学”，顾名思义就是劝导学习。荀子劝导人们学习什么呢？他认为学习就是学习圣贤之道。荀子认为世间万事万物是人所不能穷尽的，但圣贤之道是每一个人经过努力就可以学到和实行的，他认为学习的根本目的是积善成德，涵育君子人格。为此，他强调学习要博学、明知、化道，从而成为一个正人君子。这一讲讲述什么是学习，荀子其人和《劝学》的内容及其特色、风格。

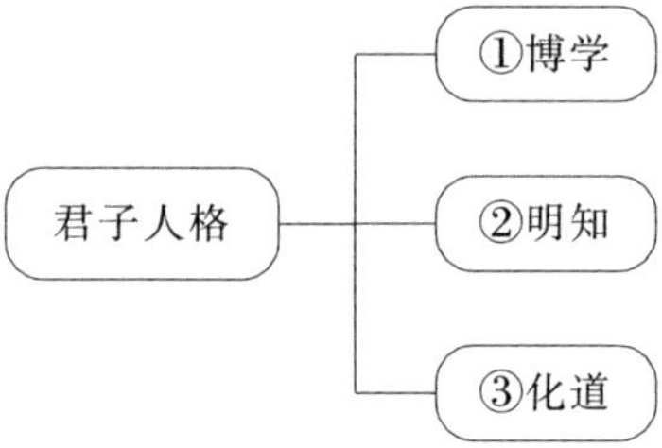

一、对“学习”两字的解读

学，会意字。“学”与“教”同源。

甲骨文为，描摹的是双手摆步作算筹形，表示学习计算。

金文为，相比甲骨文，加了义符“冂”和“子”，

表示在屋子里教孩子们学习算术。

小篆为，大体同于金文。隶书写作“學”，汉字简化后写作“学”。《说文·教部》：“斆，觉悟也。从教，从冂。冂，尚蒙也。臼声。，篆文斆省。”本义为对孩子进行启蒙教育使之觉悟。学最常指学习，如“学而不思则罔，思而不学则殆”（《论语·为政篇》）。学，又指讲述，如“见说万山潭，渔童尽能学”（唐·陆龟蒙《奉和袭美添渔具五篇·背蓬》）。学，还指学问、学科、学校等，如“博学多能”、文字学、大学等。

习，会意字。繁体字为“習”，从羽，从白。

甲骨文为，从羽（翅），从日，会鸟在空中反复练习飞翔之意。

小篆为。“羽”指鸟类的羽毛、翅膀，“白”指太阳发出的光芒，即光亮、白色，寓意鸟儿为了锻炼飞翔的本领，每天迎着朝阳展翅飞翔。

《说文·習部》：“習，数飞也，从羽，从白。”本义为小鸟反复练习飞翔，后引申为学习，如“五年视博习亲师，七年视论学取友”。

学习是一个人通过阅读、听讲、观察、思考、研究、实践等途径获得知识、技能或认知的过程，是修心养性、陶冶情操的过程，也是知行合一的过程。“学习”两个字揭示了学习的宗旨、学习的过程以及学习的方法。

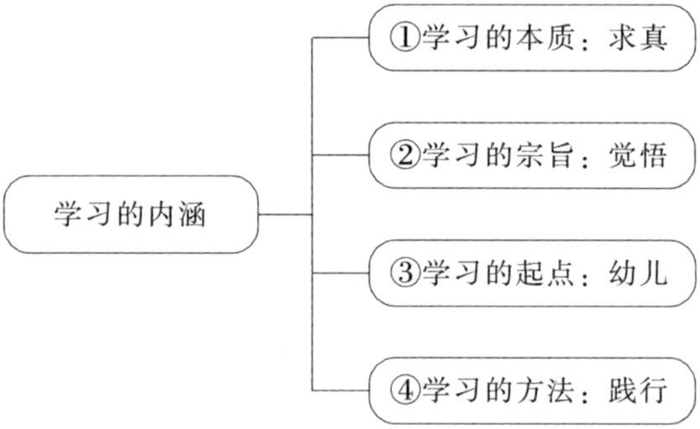

“学习”是人生的第一本领。智慧不仅是人生最大的宝贵财富，而且是藏在自己生命中的、唯一旁人夺不走的财富，是一个人从蒙昧、无知走向智慧、明智的必由之路。人要在社会中生存、发展，首先要拥有学习的本领。中华民族是一个爱好学习的民族，历来追求诗书传家，以“书香门第”为荣。一个充满书香的家庭，其子女大概率也是知书达理之人。我们知道，犹太人仅占世界总人口的0.2%，但自1901年诺贝尔科学奖设立至今，有四分之一的获得者都是犹太人，原因在于这个民族爱书、爱读书、善读书。小孩出生以后，家长会把蜜糖涂到书本上，让小孩一边翻书一边吸吮手指上的蜜糖，从小培养小孩对书本的兴趣。世界上爱学习的国度，一定是经济发达、社会文明的国度。据调查，犹太人人均每年读书64本以上，少年和中年人居多，以犹太人为主要人口的以色列也就成了世界上国民人均藏书量和读书量最多的国家。以色列面对土地贫瘠、资源短缺的现实，依靠人才优势，坚持走科技强国之路，使经济得以较快发展；2016年人均国民生产总值高达3.6万美元，其高新技术产业发展更是举世瞩目。

"学习"以求真为本。学习是以寻找事物发展的规律为宗旨的。繁体字的"學"，从"爻"，"爻"是《易经》中组成八卦阳爻和阴爻的符号。阳代表天，阴代表地，天地万物阴阳相交，机理错综复杂，情况千变万化，但"阳中有阴，阴中有阳"的规律不变。"爻"在"學"字中，意为学习是从小就开始不断地去寻找和发现事物发展的规律与人生真理的。学习是为了做学问，做学问就是求真、求是、求正，找到事物发展的规律，无论是社会规律还是自然规律，都是在学习钻研的基础上发现的。

欧姆出身于巴伐利亚州的一个工匠家庭。父亲虽然是一名锁匠，没有受过正规教育，但他十分爱好数学和哲学，并自学成才。欧姆小时候便由父亲教导数学、物理、化学和哲学，打下了良好的科学和知识基础。欧姆于1805年入读埃尔朗根大学。可是当时欧姆心不向学，反而花了大量时间在跳舞、溜冰和桌球等玩乐上。欧姆的父亲对此感到十分愤怒，认为他糟蹋了宝贵的学习机会，欧姆入学三个学期后便命令他退学。从此，欧姆开始了漂泊的教学生涯；他曾担任中学数学教师，又当过家庭教师。他对数学和物理的兴趣十分浓厚，在工作之余不断努力自修。1820年，欧姆得知奥斯特发现了电流的磁效应后，开始进行自己的电学实验。他一边学习，一边实践，终于发现了电动势与电阻之间的依存关系，这就是欧姆定律。欧姆正是通过认真学习、思考、实践，从而找到了电学基本定律——欧姆定律。

“学习”以觉悟为上。学习是从蒙昧状态到逐渐觉悟的过程。学的本字是“斅（敩）”，其字形与“覺（觉）”相似，与“教”紧密相连。《白虎通·辟雍》释义道：“学之为言觉也，以觉悟所不知也。”清代学人段玉裁解释为：学就是"尚童矇故教而觉之"。简言之，学就是要"觉悟"，尚未觉悟者需要已觉悟者来传授。

学是"觉"字头，意味着学习要历经学、识、践、悟的过程，这也是学会科学思维的过程，是开启智慧的过程，也是一种心灵的修炼。假如只是死读书、读死书，没有感悟、觉悟，则容易成为书呆子，这种学习一点用处都没有。"學"意味着孩子从呱呱坠地开始，就踏上了从蒙昧状态到逐渐觉悟的过程。

从前，人类一直是赤脚走路的。有一位国王到一个偏远的乡村巡视，由于道路崎岖不平，又有许多碎石头，他的脚被硌得又痛又红。回到王宫后，他下了一道命令，将国内的所有道路都铺上一层牛皮。这道命令引发了一场宰牛运动，但即使杀尽国内所有的牛，也筹措不到足够的牛皮。虽然这是一个愚蠢的决策，但许多人都不敢违抗。

一位聪明人大胆地去见国王，对国王说："国王啊，为什么您要劳师动众，牺牲那么多头牛啊，您用小片牛皮包住您的脚就可以解决问题了！"

国王听了立即领悟，迅速收回命令，采纳了这个建议。据说，这就是皮鞋的由来。

“学习”从幼儿开始。学习要从孩子开始，注重早期的智力开发。学，从“子”，即童子。学的异体字为“斈”，从文，从子。“文”指文字、文章、文化等，在这里意为应该学到的知识；“子”为孩子、后代。“文”“子”合为“斈”，强调了掌握文化知识要从娃娃抓起。幼年时期是孩子打下知识基础，形成良好习惯的最佳时期。荀子说：“少而不学，长无能也。”人的一生是从幼年开始形成性格和心理特征，青年时期开始定格的，故有“三岁看大”之说。这就如一棵小树苗一样，在幼苗成长时不干涉它、扶正它，它就不能长成参天大树。

要从小激发儿童的学习兴趣，使之成为他们学习的原动力。《礼记·月令》：“季夏之月，鹰乃学习”，意为小鹰在夏季六月就开始练习飞翔。由于鸟的羽毛滋润柔顺，故“习习”引申为“柔飞轻抚”，如和风习习。学习中习的繁体字“習”，寓意小鸟为了锻炼飞翔的本领，每天迎着朝阳去练习，引申为人的能力差别，跟是否从小学习密切相关。幼儿早期的智力开发是很重要的。幼儿教育应当列为国民教育的重要组成部分。

欧阳修是我国北宋时期著名的学者，是一个具有很高造诣的书法家。他的成功是靠小时候母亲的教育和勤苦自学。由于他的母亲循循善诱，引导得法，有效引导欧阳修爱上了诗书。每天写读，积累越来越多，欧阳修很小的时候就能过目成诵。10 岁的时候，母亲就经常带欧阳修到附近藏书多的人家去借书读，让他把借来的书抄录下来。欧阳修长大以后，到东京参加进士考试，连考三场，都得了第一名。欧阳修 20 岁的时候，已是当时文学界大名鼎鼎的人物了。

欧阳修的成才过程说明学习要从幼儿时期抓起，儿童的早期教育对青少年成才起着基础作用。

许多艺术家之所以成才，与小时候练就的"童子功"不无关系。正是幼时的学习打下了坚实的基础，长大以后才能得心应手。小孩的早期教育是一门科学。孩子大脑发育的关键时期是 0～3 岁的婴幼儿阶段。在这个阶段，大脑迅速发育，良好的引导和教育，可以为孩子今后智力、情感、运动、社会交往等各方面能力的发展打下良好的基础，这说明了婴幼儿早期教育的重要性和必要性。

从小就接受早期教育的孩子比上学之前没有接受过早期教育的孩子，在智商、情商以及运动协调性等方面都要强；尤其是在好的学习习惯的养成和学习能力方面，比没有受过早期教育的孩子强。另外，成年后的大部分性格和习惯，在其七岁之前就已经养成了，因此，有“七岁看老”之说。这说明了从小对孩子进行良好的教育与培养，对其性格的塑造和今后的发展都是至关重要的。

“学习”以践行为要。《论语》首句就是：“学而时习之，不亦说乎?”讲的是要知行合一。如何处理好“学”与“习”的关系，大有学问。“习”字，强调要仿效、要行动、要实践。仿效是学习的第一个环节，伏羲作八卦是“近取诸身，远取诸物”；仓颉造字，是观鸟兽之变；尧作围棋，是观天象、观星辰；华佗作五禽戏，也是模仿五种动物的习性和动作。模仿是入门手段，然后是思、问，使学成为学问、学识，进而付诸实践中检验，从而成为一种能力，即学、识、才。因而，由“习”组成的词都与反复去做有关。如练习、练兵习武、习以为常、化习成俗、习俗、习性、习惯、习非成是等。

学习包含“学”和“习”两个环节，“学”是悟道，

"习"是践道，让学习融入生活，贯通于自我生命之中。如果说"学"是理智性的，那么"习"就是实践性的。心中有所学，身体来践行，所学之事物转变成自我生命的意识以及个体生命的充实。真正的"学"包含着某种自我生命实践的意向，"习"则是在这种意向中展开个体生命实践。如果说"学"是体道、悟道，那么"习"就是行道。"学"与"习"的结合让个体融入道之中。"学"重在认知与理解，"习"重在行动与创造。

二、荀子《劝学》的主要内容

荀子（约前313—前238），名况，字卿，赵国人，战国末期著名思想家、文学家、政治家。根据《史记·孟子荀卿列传》记载，荀子50岁来到齐国，曾到当时齐国的文化中心稷下（现山东临淄西门）学宫讲学，后来到楚国被春申君任命为兰陵（现山东枣庄东南）令。春申君死后被废失官，家居逝世，葬在兰陵。

荀子是先秦儒家的最后代表人物，是儒家的第三代传承人，世有"孔、孟、荀"之称。荀子既继承和发扬了儒家的"仁治"思想，又吸收了法家的"法治"思想，以"性恶论"为理论基础，提出了"外儒内法"的治国方略。

荀子思想中最有特色的是他关于人性的学说。荀子的“性恶论”与孟子的“性善论”形成了儒家心性论的两大流派，以形而上的哲学思辨探索人性之本源。儒家的“性善”与“性恶”争论了近两千年，后由王阳明发展为“性无善恶论”。

“人性恶”是荀子整个思想体系的基础，他认为人生来就有好利之心、嫉妒之情、耳目之欲，饥而欲食、寒而欲暖、劳而欲休，所以，人性本身不能产生美和善。但这并不意味着他对人类的失望和悲观，相反，他认为人性虽恶，但人与其他动物有一个根本的区别，就在于人有智慧。人凭借特有的智慧，可以建立礼仪文明，可以摆脱天性之恶，进入美和善的状态。而智慧是从何而来的？那就是学习，学习可以改造人的天性，创造自己的文化，从而达到“天有其时，地有其财，人有其治”，成为“天人合一”的力量。为此，荀子创作了《劝学》这篇长篇论说文。

荀子的《劝学》从人的本性出发，以君子人格作为最高价值，遵循人类对知识认知、体悟认识的规律，讲求朴素的唯物辩证的办法，构建了独特的学习观，建立了一个包括学习的正确价值取向、目标、态度、内容、方法和途径的完整体系。全文旁征博引，娓娓道来，既阐述了学习之道，又具有生动活泼、清新自然的艺术风格。

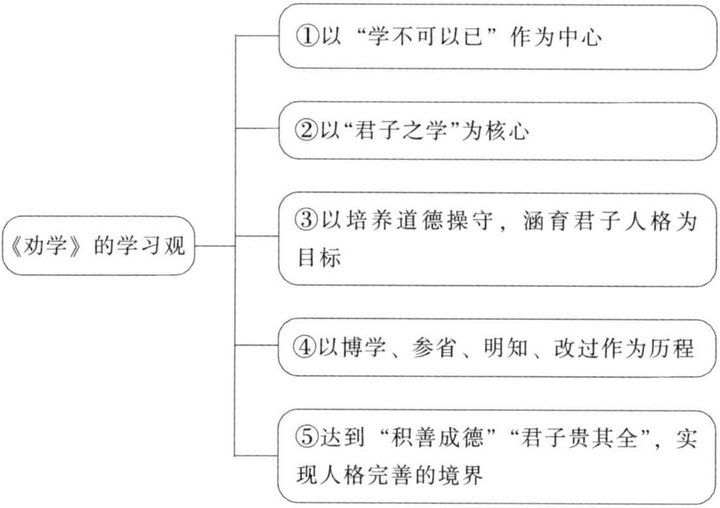

《劝学》以“学不可以已”作为贯穿全文的中心思想，以“君子之学”为核心，指出了学习的根本目的在于培养道德操守，涵育君子人格，从“精诚专一”开始，以博学、参省、明知、改过作为历程，达到“积善成德”“君子贵其全”，实现人格完善的境界。《劝学》

的主要内容有如下几个方面：

（一）指出学习是修心养性，提高人的素质的必由之路

荀子指出了学习对于人类的特殊意义。学习能力是人与其他动物的最大区别。学习是促进人超越外在的自然和社会环境，增长个人才能的必由之路，也是人脱胎换骨、升华气质之途。《劝学》指出："不闻先王之遗言，不知学问之大也。干、越、夷、貉之子，生而同声，长而异俗，教使之然也。"意思是说，不懂得先王的遗教，就不知道学问的博大。干、越、夷、貉人的孩子，刚生下来啼哭的声音是一样的，而长大后风俗习惯却不相同，这是教育使然。在这里荀子指出了教育和学习对个人能力、品性、情操具有巨大的影响，可以改变人天生的劣根性，提高人的思想修养、道德修养、文化修养、艺术修养和心灵修养；随着个人修养的提高，进而提高民族整体素养，激发社会的创造力，增强国家发展的动力和活力。

（二）创造性地提出了君子"善假于物"的学习方法

荀子在《劝学》中重视如何提高学习的效率，提出了科学的捷径。他先用“吾尝终日而思矣，不如须臾之所学也”来说明独自冥思苦想远不如学习有益，阐述了“善假于物”的内涵：

其一，学习本身就是“假”于“物”的过程，在列举了“登高而招”“顺风而呼”“假舆马”“假舟楫”等几个生活中十分常见而又极具说服力的比喻后，指出：“君子生非异也，善假于物也。”在这里，荀子从他的“性恶论”观点出发，指出君子的天性也是恶的，之所以不同于众人，就在于他善于向良师益友学习嘉言懿行，以改变自己的不良天性。

其二，学习要提高效率，还必须善于借鉴前人、他人的好方法，以便借“登高”达到“见者远”，借“顺风”达到“闻者彰”，借“舆马”达到“致千里”，借“舟楫”达到“绝江河”，收到事半功倍的良好效果。

其三，“善假于物”还要讲求科学的方法。“假于物”是登高望远，是装上了“千里眼”“顺风耳”，是借助了舆马、舟楫，其实讲的是学习要注重选择工具和方法，要读与写结合，学与问结合，学与思结合，知与行结合，用读、诵、录、疑、悟的方法，做到眼到、口到，更要心到，用“善假于物”去获得真知，通晓道理，增长智慧。

（三）透彻地阐述了学习者应当秉持的态度

《劝学》从方法论的角度指出了“善假于物”的学习途径以后，又指出了学习的态度：

一是从细微处着眼，厚积薄发。他用“积土成山，风雨兴焉”和“积水成渊，蛟龙生焉”的比喻，指出“积”的重要性，“不积跬步，无以至千里；不积小流，无以成江海”。一个人的知识面和知识量，是靠日积月累的学习得来的。一个有学问的人，其知识是渊博的，从渊到精，再到专。

二是精诚专一、专注。荀子指出：“蚓无爪牙之利，筋骨之强，上食埃土，下饮黄泉，用心一也。”专心致志，心无旁骛，是一种精诚的学习态度。

三是持之以恒，锲而不舍。荀子指出：“骐骥一跃，不能十步；驽马十驾，功在不舍。锲而舍之，朽木不折；锲而不舍，金石可镂。”学习其实不是一件轻松的事情，得靠毅力，下苦功，是一种坚持，一种坚守，能否持之以恒，是能否在事业上取得成功的关键，也是平庸的人与超凡的人的差别。

正是在“积跬步”的悠悠历程中，让自己的知识增长，心智成熟，品性升华，通过不懈的努力，以达到"神明自得""圣心备焉"的超远境界。

（四）阐述了学习的主要内容

在阐述了学习的态度以后，荀子又提出了学习的主要内容，指出了要"始乎诵经，终乎读礼"，把《诗》《书》《礼》《乐》《春秋》等经典作为学习的内容，指出学习的顺序。"学之经莫速乎好其人，隆礼次之"，如此就能仰闻先王之教化，又可备晓礼法在当今之世灵活运用，以获得良好的效果。

（五）总结了学习的宗旨和方向

《劝学》最后对学习的宗旨进行了归纳和总结，即从"为士"开始，达到"为圣人"而结束。指出了学习的目的在于促进人格的完善，生命的灵动，而终极目的是成为"圣人"，即"成人"，成为"天见其明，地见其光，君子贵其全也"的集大成者。

三、《劝学》的独特风格

荀子的《劝学》比喻生动形象，文采飞扬；论述严密，说理透彻；行文简洁，精练有味；警句迭出，耐人寻味，是一篇以讲学习之道为主题的精美论说文。其文学风格和特色主要有如下几个方面：

（一）巧用比喻

比喻是一种常用的修辞手法，可以把深奥的道理讲得浅显易懂。常用的比喻有明喻、暗喻、借喻等。《劝学》巧妙地运用大量的比喻进行论述，形成了独特的风格。荀子运用了大量生活中常见的比喻深入浅出地把抽象的道理说得具体。荀子善用同类事物设喻，从相通的角度反复说明问题，强调作者的观点。有的从正面设喻，如“积土成山，风雨兴焉；积水成渊，蛟龙生焉；积善成德，而神明自得，圣心备焉”。有的从反面设喻，如“不积跬步，无以至千里；不积小流，无以成江海”。有的单独设喻，有的连续设喻；有的同类并列，有的正反对照；有的只设喻而把道理隐含其中，有的先设喻再引出要说的道理。

（二）善用短句排比

文章一开始就是一组排比：“青，取之于蓝，而青于蓝；冰，水为之，而寒于水”；又如“目不能两视而明，耳不能两听而聪。螣蛇无足而飞，鼫鼠五技而穷”等，这些排比句式在文中举不胜举，既富于论辩色彩，又富有文学韵味，具有一种音乐的节奏感和流动感。

（三）善用对比手法

《劝学》运用对比而使观点更加突出和鲜明。随着对比的连续转换和充分展开，形成整齐而又富于变化的句式，使文章显得错落有致，生气勃勃。如在说明学习要善于积累的道理时，作者先后以“骐骥”与“驽马”、“朽木”与“金石”作对比，说明“驽马十驾，功在不舍”，“锲而舍之，朽木不折；锲而不舍，金石可镂”，充分显示出“不舍”对于学习的重大意义。在阐述学习要专心致志的道理时，作者又用“蚓”和“蟹”作对比，前者“无爪牙之利，筋骨之强”，却能“上食埃土，下饮黄泉”，后者虽有“六跪而二螯”，却“非蛇鳝之穴无可寄托”。用蚯蚓“用心一”与螃蟹“用心躁”进行对比，通过鲜明的对比和强烈的反衬，增强了说理的分量。

第二讲　“学不可以已”：学习是伴随一生的事业

《劝学》开宗明义，说的第一句话就是："君子曰：学不可以已。"意思是，君子说：学习是不能停止的。又说："君子博学而日参省乎己，则知明而行无过矣。"意思是，君子广泛地学习，而且每天检查反省自己，就会聪明有智慧，行为就不会有过错了。《劝学》一开始就讲了学习是一个人前进的动力，是陶冶情操、开发智慧、丰富心灵、享受快乐的途径。

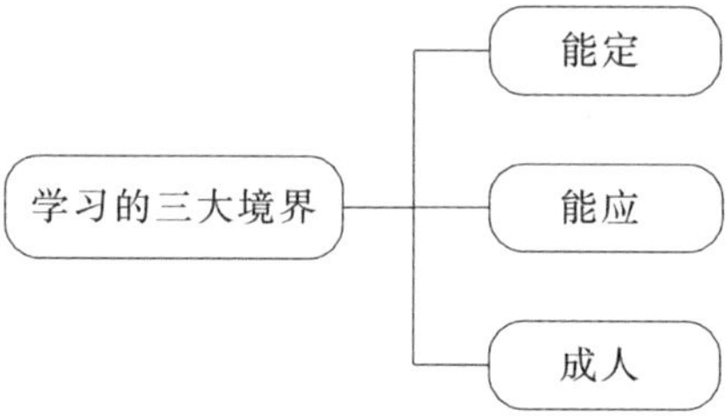

一、学习是"修心养性"之道

荀子继承了儒家的思想，把修心养性，促进道德的完善作为学习的第一要义和任务。

儒家主张"君子尊德性而道问学"（《礼记·中庸》），孔子在《论语·季氏篇》说："生而知之者，上也；学而知之者，次也；困而学之，又其次也；困而不学，民斯为下矣。"孔子认为，生来就明白正途的，是上等人；学习之后明白正途的，是次等人；遇到困难再去学习的，是更次一等的人；遇到困难还不肯学习的，就是最下等的人了。孔子把是否乐于学习作为评价一个人的品性和贤愚的标准，“生而知之”的人是有的，但非常少，大多都是学而知之的。他在《论语·公冶长篇》中评价自己说：“十室之邑，必有忠信如丘者焉，不如丘之好学也。”孔子说：“就是十户人家的小地方，一定有像我这样做事尽责又讲求信用的人，只是不像我这么爱好学习而已。”孔子认为“生而知之”是极难求得的，只有通过“学而知之”“下学而上达”（《论语·宪问篇》），才能培养德行品质。

在孔子看来，通过广泛学习知识可以改变人、塑造人，使“不器”，成为德才兼备之人。孔子之所以重“学”，是因为学可以去蔽。《论语·阳货篇》中记载了孔子与仲由的一段对话：

子曰：“由也，女闻六言六蔽矣乎？”对曰：“未也。”“居！吾语女。好仁不好学，其蔽也愚；好知不好学，其蔽也荡；好信不好学，其蔽也贼；好直不好学，其蔽也绞；好勇不好学，其蔽也乱；好刚不好学，其蔽也狂。”

有一天，孔子与弟子仲由聊天，说：“仲由，你听说过六种品德和六种流弊吗?”仲由回答说：“没有。”

孔子说：“坐下！我告诉你，喜好仁德却不喜欢学习，流弊就是容易被人愚弄；喜好智慧却不爱好学习，流弊就是游荡放纵；喜好诚实而不爱好学习，流弊就是固执；喜好正直却不爱好学习，流弊就是尖刻；爱好勇敢而不爱好学习，流弊就是会胡作非为；爱好刚强而不爱好学习，流弊就是会狂妄自大。”

在这里，孔子指出“仁、知、信、直、勇、刚”六种品德虽然值得肯定，但是如果不学习，就不能去除各种鄙陋无知，就会受蒙蔽而盲目做事。学习则可以增长人的见识，提高人的辨别能力、分析能力、自我控制能力，从而保持自身的德行。

孔子强调学习不但要“好学”，而且要“乐学”。“知之者不如好之者，好之者不如乐之者。”“好学”“乐学”是“博学”的前提。“学而时习之，不亦说乎?”（《论语・学而篇》）学习对于一个人来说实际上是一件很快乐的事情，能够使其获得极大的满足感与获得感，求学的人只有具备主观能动性，培养浓厚的学习兴趣，才能保持持久的学习热情。

荀子继承和发扬了儒家的这一思想，更加系统地论述了学习在修养德行中的作用。他在《解蔽》中讲：“欲为蔽，恶为蔽；始为蔽，终为蔽；远为蔽，近为蔽；博为蔽，浅为蔽；古为蔽，今为蔽”，在这里荀子列举了人们通常受到蒙蔽的十种因素，蔽于此，就会忽略甚至无视至少与之对立的另一方面。如蔽于欲，就无视道；蔽于恶，就无视善，等等。同时，心不在焉、心乱，很多问题可能就分辨不出了。例如一个湖面，只有水面非常平静的时候，才有可能将水底看得清清楚楚，水一晃动就看不清了。心也如此，心如止水，才能理清问题。荀子认为，这些“蔽端”来自心受到了蒙蔽，导致片面地、绝对地看问题，学习是一个除“蔽”的过程。

荀子强调学习是“德性圆满之途”。

君子之学也，入乎耳，箸乎心，布乎四体，形乎动静。端而言，蝡而动，一可以为法则。小人之学也，入乎耳，出乎口。口耳之间，则四寸耳，曷足以美七尺之躯哉！古之学者为己，今之学者为人。君子之学也，以

美其身；小人之学也，以为禽犊。故不问而告谓之傲，问一而告二谓之囋。傲，非也；囋，非也；君子如向矣。

《劝学》中这段话的意思是：君子学习，是听在耳里，记在心里，表现在威仪的举止和符合礼仪的行动上。一举一动，哪怕是极细微的言行，都可以垂范于人。小人学习是从耳听从嘴出，口耳相距不过四寸而已，怎么能美化七尺之躯（提高自己的品德）呢？古人学习是自身道德修养的需求，现在的人学习则只是为了炫耀于人。君子学习是为了完善自我，小人学习是为了卖弄和哗众取宠，将学问当作家禽、小牛之类的礼物去讨人好评。所以，没人求教你而去教导别人叫作浮躁；问一答二叫啰唆；浮躁和啰唆都是不对的，君子答问应像空谷回音一般，不多不少、恰到好处。

在这里荀子把学习当作君子人格养成的途径，指出了“君子之学”与“小人之学”的区别，两者的区别主要体现在四个方面：

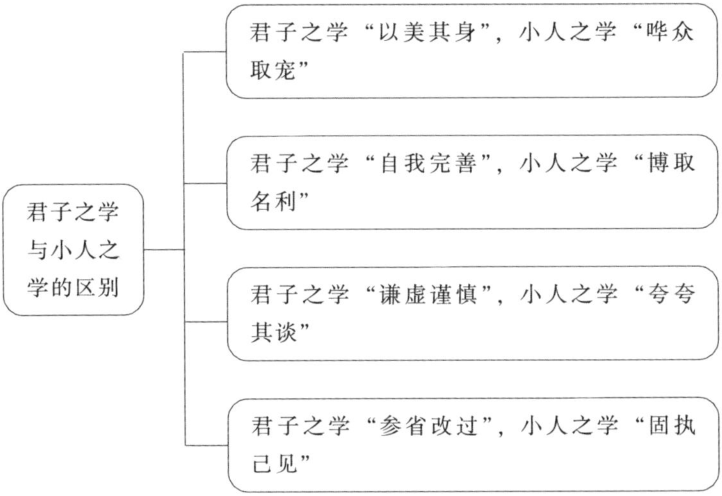

（一）“君子之学”的学习过程是“以美其身”

荀子认为学习是眼看、耳听、口诵、心记，但还不够，还得落实在行动上，通过学习提升自己的思想境界，修养心性，改变自己的气质，从美化心灵进而美化一个人的外表。如孔子所说的“质胜文则野，文胜质则史，文质彬彬，然后君子”。即只有文质双修，才能成为合格的君子。苏轼也在《和董传留别》中说：“粗缯大布裹生涯，腹有诗书气自华。”学习其实是一个人身心的“美容”，但即使有精湛的医学美容术，也无法像读书一样，令人“脱胎换骨”。作家林清玄将读书描述成“生命的化妆”，他说：“再深一层的化妆是改变气质，多读书、多欣赏艺术、多思考，对生活乐观，对生命有信心，心地善良、关怀别人、自爱而有尊严，这样的人就是不化妆也丑不到哪里去，脸上的化妆只是化妆最后的一件小事。”

一个人的学养、修养和素养是相互联系的，学养起到基础的作用。一个人的外在形象可以通过美容和化妆而得到改善，但是想要改变气质，则要靠内在的学习，修炼出善良的心地、平和的心态、高雅的情趣。人的气质美看似无形，实为有形，它通过一个人对待生活的态度、个性特征、言语行为表现出来。一个人独具的气质，带有一种灵性和亲和力，可以净化心灵，温暖人心，使之充满魅力。

一个人的内在美，通过人的言谈举止表现出来，只有注重学习，提高修养，才能举止优雅，出口成章，才能成为一个有教养的人。“以美其身”是指通过内在的修养，改变外在的气质，从而改变外貌和形象，是由里到外的“美容”过程。

学习不但可以养成高贵的气质，而且可以使生命变得优雅。一个爱学习的人，是一个有智慧的人，对生命的体悟更为深刻、洒脱、从容。当代知名英美文学家董鼎山先生，是一个勤学好写的人，著有《纽约客书林漫步》《西窗漫记》。2015 年初，93 岁高龄的董鼎山给读者写了一封告别信：“‘向读者告别’——怀了无比沉痛的心情，我写了上面五个字，向多年来的读者们告别，结束将近 80 年（14 岁开始发表文章）的‘写作癖好’（我说‘癖好’，而不说‘写作生涯’）。”他谢过最后几位专栏编辑、出版社编辑与有心文友，最后的话是：“再会了，读者朋友们。如有来讯，将使我非常开心，以解除我的寂寞。”

学习使一个智者、一个学者优雅、豁达地到达人生的终点。

（二）“君子之学”的学习目的是“自我完善”

荀子说的“古之学者为己，今之学者为人”，这句话来自孔子《论语·宪问篇》。意思是说：古代的学者求学是为了认真修养自己，现在的学者求学是为了炫耀于人。孔子认为“为己”并非满足一己的需求，而是自我改造、自我完善。“为己”与“为人”的区别在于：

“为己”与“为人”的动机不同。“为己”是一种内在需要，就像人每天要吃饭一样，补充、充实自己的精神营养，提高生活和生命的质量；“为人”是一种外在的需要，或者作为追求高官厚禄的敲门砖，或者是为了附庸风雅，或者为了炫耀自己的才能。学习的目的在于求取真正的学问、真理，而不是为了附庸风雅，如此才能产生动力、毅力。

近代著名文学家鲁迅有一年离家在苏州读书，到冬天的时候，外面下雪，实在是冷得不行。为了继续看书，他卖掉了上学期学校颁发的金质奖章，买了辣椒和茶叶，困了就喝茶，冷了就吃个辣椒，这样一直看书到深夜。他就是凭借着这样的毅力和投入，终于以第一名的成绩考取了国家外派留学生资格。而鲁迅之所以能为日后的文学创作打下坚实的文化基础，也正是因为他不在乎外在荣誉，内心充满求知的渴望。

“为己”与“为人”的动力不同。“为己”是一种自觉、自然的行为；“为人”则带有功利性和强制性，一旦外部环境改变，动力也荡然无存。今天，我们如果把学习当作家长或者他人给予的任务去完成，而不是出于自己的兴趣、爱好、需求，那么，这种学习不可能有恒久的动力，也不会有好的效果。

“为己”与“为人”的结果不同。“为己”使自己的学识增长，品德提高；“为人”则是为了自我炫耀，卖弄才华，追逐名利，结果可能会落下可悲的下场。

《三国演义》中的杨修就是一个例子。杨修是一个才智不凡的人，但恃才放旷，对自己的言行不加约束，喜欢在别人面前耍弄小聪明。有一次曹操要建一座花园，工匠们把设计方案呈给曹操，曹操看了以后，什么话也没说，只用笔在花园门上写了一个“活”字。工匠们不解其意。杨修知道后说：“丞相是嫌门开得太阔了，‘门’中‘活’字，不就是阔吗?”工匠们按杨修的意见作了修改，曹操非常满意，问工匠们是如何猜到他的心意的。工匠们回答说：“我们这些人笨头笨脑的，全赖杨主簿的赐教啊。”曹操听后，心生妒意。

又一次，有人送给曹操一盒酥，曹操在盒盖上写了“一合酥”，然后传给大家，自己则走开了，大家不明其意，不知如何是好。杨修毫不客气地将酥取出来吃了一口，众人见了都很惊奇。杨修不慌不忙地说：“丞相让我们每人吃一口，还有什么犹豫的呢?”大家这才明白，

“一合”，不正是“一人一口”吗？曹操知道此事后，开始讨厌杨修了。

汉献帝建安二十四年（219），曹操征讨汉中，与刘备两军对峙，相持不下，粮草不济，处于进退两难的境地。一天晚上，厨师进献了一碗鸡汤，汤中有鸡肋，曹操对刚进入帐中请示晚上口令的军官说：“鸡肋。”杨修听到这个口令时，立即吩咐身边的人收拾行装，准备撤退。将士们不解其意，问是何缘故。杨修说：“魏王传令‘鸡肋’，所谓‘鸡肋’者，食之无味，弃之可惜，来日魏王必班师回朝。”将士们听了，觉得有道理，于是纷纷收拾行装，准备撤退。曹操当夜走出大帐，巡视军营，见大家都在整理行装，很是吃惊，一问缘由，知是杨修所为。这时他已起杀心。

最终，曹操以扰乱军心之名，把杨修杀了。杨修正是因为喜欢卖弄自己的学识，才招来杀身之祸。如果他能将所学用于提升自己，谨言慎行，结局也许大不一样。

美学大师朱光潜先生很透彻地指出了学习是为己还是为人的区别。他说文人容易患上“卖弄才气”的毛病，说：“文艺作者固不能没有才气，但是逞才使气，存心炫耀，仍是趣味低劣。”① 学习假如是为了满足一己虚荣，不但是不诚实的表现，也是学识浅陋的表现。一个人的学识水平应该像盐溶解在水里一样，尝得出味，却看不见形，这就是“大智若愚”，让人们在不知不觉中受到启迪、教化和感染，才是“大智”之人。

学者为己，与学者为人，其实并不是对立的。正确的态度应该是统一起来，从“为己”出发，达到“为人”的目标，即从完善自己出发，经过自己的努力学习，找到真知，发现真理，使别人运用此真知真理来造福人类，这就是学习的大境界。

（三）“君子之学”的学习态度是“谦虚谨慎”

一个人学问越广，越是谦虚。一个人学问的多寡，就如一个圆圈，周长越长，越感到自己知道的不够多。正如饱满的稻穗，沉甸甸的，总是垂下谷粒。我们挑水，水满则不响，半桶水时却发出很大的响声。一个人的学问越深，越觉得自己对问题的研究了解得不够透彻，越是觉得自己的智慧不够用，因此，总是虚心向书本学习，向他人学习，向实践学习。

---

① 朱光潜：《文学上的低级趣味》，《文艺时代》1946 年第 4 期。

《论语·泰伯篇》："子曰：'学如不及，犹恐失之。'"孔子说："学习时要有怕赶不上一样的心情，学到了又会担心再失去。"孔子在这里讲了几层道理：一是学海无涯，要虚怀若谷；二是学然后知不足，学得越多，越感到自己的知识不够用；三是要把握时机、抓紧学习。有一次，孔子去鲁国参加祭祖典礼，在活动的过程中不断地向人提问请教，几乎每件事都问了个遍。有人在背后嘲笑他，说他才识浅陋，什么都不知道，什么都要问。弟子不解，问他原因，孔子则回答道："对于不懂的事，问个明白，这正是我要求知礼的表现啊！"可见，越是有学问的人，越是虚心好学。北宋著名文学家欧阳修说到自己的学习体会时，强调"三余"和"三上"，即惜时如金，不仅把"冬者岁之余，夜者日之余，阴雨者时之余"的时间用上，甚至连"马上、枕上、厕上"的时间也不放过。现代人的工作节奏快，时间多为碎片化，学习要争分夺秒，充分地加以利用，如乘坐地铁、汽车、轮船的时间，饭前饭后的休息时间，都可以学习，积少成多，坚持下去，一定能有所获。

韩愈在《赠别元十八协律六首》中说："读书患不多，思义患不明。患足已不学，既学患不行。"在这里他讲了“四患”：读书担心读得不多，思考道理担心不明白。担心自以为学得足够了，而不再学习，已经学了，又担心不会运用。

学无止境，知无穷止。无论何时何地，人生都不可以“满”而自足。自满是求知的拦路虎，自谦是真知的引路人。

爱因斯坦成为伟大的科学家后，有人问他：“您老可谓是物理学界空前绝后的人物了，何必还要孜孜不倦地学习呢?”爱因斯坦没有立即回答，而是找来一支笔、一张纸，在纸上画了一个大圆和一个小圆。然后他说：“目前情况下，在物理学这个领域里可能是我比你懂得略多一些。正如你所知的是这个小圆，我所知的是这个大圆。然而整个物理学的知识是无边无际的。小圆的周长小，即与未知领域的接触面小，所以感到自己的未知少；而大圆与外界接触的圆周大，所以感到自己的未知多，会更加努力地去探索。”

谦虚的态度决定了君子不会夸夸其谈。为此荀子在这里指出了教导他人要把握好一个“度”，要求君子回答他人的请教要像空谷回音一样，既要有谦逊的态度，又恰如其分；既不浮躁，又不啰唆，说话说到点子上。

当然，从“为己”出发，最后的指向应是为了他人，为了社会，以“为己”为本，把自己学到的本领奉献于他人和社会，这是可取的。个人的学习不仅是为了成就自我，同时也是为了成就他人，实际上成就自我与成就他人乃是融为一体、不可分割的。

（四）“君子之学”的学习功能是“参省改过”

荀子认为人的本性是恶的，他在《性恶》中说：“人之性恶，其善者伪也。今人之性，生而有好利焉，顺是，故争夺生而辞让亡焉；生而有疾恶焉，顺是，故残贼生而忠信亡焉；生而有耳目之欲，有好声色焉，顺是，故淫乱生而礼义文理亡焉。”荀子认为：人天性是恶的，善只是勉励、矫正人的行为的东西。人的天性，生来就喜好利益，顺着这个天性，争夺就会出现，而谦让就会消失；生来就会嫉妒憎恶，顺着这个天性，伤害好人的贼人就会产生，而忠信之人就会消亡；生来就有耳目之欲，喜好声色，顺着这个天性，淫乱就会出现，而礼义文明就会消亡。荀子认为人的天性有好利、嫉妒、贪欲的习性，要去除这些习性，必须有“师法之化，礼义之道”，才能“出于辞让，合于文理，而归于治”。而“师法之化，礼义之道”，就是通过学习去恶扬善，去除劣根性和不良的秉性，赋予良好的习性。正如荀子所说的：“君子博学而日参省乎己，则知明而行无过矣。”

孔子《论语·里仁篇》：“子曰：‘见贤思齐焉，见不贤而内自省也。’”孔子说：“看见德行卓越的人，就要想怎么努力像他一样；看见不贤的人，便要反省自己是否也犯同样的毛病。”“吾日三省吾身”，每天都要对自己的行为进行反省，检查存在的不足，加以改进。《论语·里仁篇》中又说：“子曰：‘人之过也，各于其党。观过，斯知仁矣。’”意思是说，什么样的错误是由什么样的人犯的。仔细考察一个人的过错，就知道他是什么样的人了。“博学而日参省”是提高人的“情商”的途径。当今，有些人“智商”很高，但“情商”却不高。“情商”不高常常有如下的表现：脾气暴躁，经常发火；不善沟通，木讷呆板；喜欢抱怨，唠唠叨叨，等等，而最要命的是自视过高，知错不认，知错不改，缺乏自省能力和对情绪的管理能力。每天省察自己，及时改过，这样就能智慧通达，行为没有过错。

二、学习是“智慧明达”之道

学习是一个人从无知、愚昧走向智慧的必由之路。一个学识丰富的人，必然是“读万卷书，行万里路”。随着学识的增长，阅历的丰富，对世事的洞察力也会越来越高，也更能开启智慧，通达事理。

犹太民族认为只有拥有终身受用的智慧和知识，才能使这些智慧和知识转化为财富。

1948年5月14日以色列宣布建国，古里安担任政府总理，他发表了即兴演讲：“两千多年的大流散让犹太民族早就大彻大悟，只有知识和智慧是散尽天涯后可以卷土重来的武器，而读书则是补充这一武器的最好弹药库。所以，每个人都要树立这样一种意识，哪天不读够50页书，哪天就没有睡觉的资格!”每个人每天也都要问问自己，今天你读够50页书了吗？有没有睡觉的资格？

直至今日，以色列人依然牢记“开国之父”古里安“今天你读够50页书了吗？”的自我问答题，每个人都将读书作为自己每天不可或缺的事情去做。正因如此，仅占世界总人口0.2%的犹太人，却拿下25%的诺贝尔科学奖。

荀子认为一个人只有学习才能拥有知识，开发智慧，增长智能，具有学识、学养和学问。

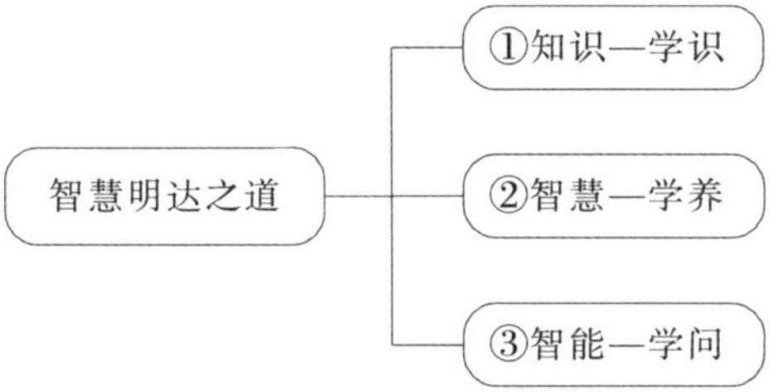

（一）学习是一个人的求生本能和发展本能

一个人自从诞生之日起，就面临着生存和生活的压力。人生下来不如食草类动物善跑，也不如食肉类动物强壮，但是，人高于动物之处在于人的本能就是会学习、会模仿、会创造，通过仿效天地、自然万物的变化，从中获得自己生存所需要的能量。在物竞天择，优胜劣汰的生存竞赛中，人脱颖而出。人群越来越壮大，成为“万物之灵”，学习是人的本领。学习是求真，是获得生存、生活的基本技能的途径。

毛泽东是一个伟大的革命家、政治家、军事家，也是一个诗人，他的才华来自学习。他说：“我一生最大的爱好是读书”，“饭可以一日不吃，觉可以一日不睡，书不可以一日不读”。从幼年到晚年，生命不息，读书不止，直到去世前七小时，毛泽东还在学习。去世后，从他的住所菊香书屋清点出九万多册书，他读《资治通鉴》这部300多万字的史书读了十七遍，他读完了二十四史，总计3 213卷，约四千万字，写了大量的批注。他常常论及读书与学习，认为只有通过学习，才能解决“人不通古今，马牛而襟裾”的本领恐慌症。毛泽东强调：有了学问，就好比站在山上，可以看到很远很多东西。没有学问，如在暗沟里走路，摸索不着，那会苦煞人。

宋代黄庭坚说：“士大夫三日不读书，则义理不交于胸中，对镜觉面目可憎，向人亦语言无味。”可见，学习、读书是一个人生活中不可缺少的内容，也是一个人生存发展的依托。

学习可以改变一个人的命运。一个人小富靠勤，即勤奋劳作；中富靠智，即运用好自己的智慧；大富靠德，即以诚信等品德建立荣誉和信任。我们可以通过勤奋学习增长才智，涵养道德修为，从而获得不一样的人生。

（二）学习是“记忆力”的脑力训练，是知识和技能的增长

《劝学》说：“吾尝终日而思矣，不知须臾之所学也。”意思是说，我曾经一天到晚冥思苦想，却不如片刻学习的收获大。这里的“须臾之所学”就是记忆力的锻炼，也是知识的增长。大脑和身体的其他器官一样，都遵循着“用进废退”的进化规律，脑力劳动可以让记忆力不衰退，就像运动使肌肉增强一样。要增强记忆力，必须学习科学的记忆方法，科学的记忆方法有直观形象记忆法、发掘特征记忆法、列表对照记忆法、重复记忆法、联想记忆法、改错记忆法等。

有人认为随着年龄的增长，人的记忆力会衰退，我认为记忆力与年龄并无必然的联系，而与一个人的关注力有关系。增强记忆力的一个好的办法是“诵”，即背诵的训练。一般来说，一段话背诵几遍也就可以记下来，进行几次反复的记忆，就会形成长期记忆了。例如学习楚辞、汉赋、唐诗、宋词，假如每天用半个小时背诵一首辞赋或诗词，其效果一定很好。此外，也可以运用联

想理解的办法来记忆，如《大学》开篇讲："大学之道，在明明德，在亲民，在止于至善。知止而后有定，定而后能静，静而后能安，安而后能虑，虑而后能得。物有本末，事有终始。知所先后，则近道矣。"在这里，记住了"知—止—定—静—安—虑—得"的内在逻辑关系，也就能背诵了。

（三）学习是培养科学思维，获得智慧的途径

智慧是比知识更高的一种文化形态。"知识"强调人所知道的学问，是智慧的基础。"智慧"则是运用知识的方法和结果。知、智、慧表现了学习的三层境界。知，通过阅读、记忆就可以获得；智，通过思考、提问去获得；而慧则要靠科学的、思维的训练，才能实现。为此，荀子在《劝学》中说："青，取之于蓝，而青于蓝；冰，水为之，而寒于水。"意思是说，靛青是从蓼蓝里提取的，可是比蓼蓝的颜色更深；冰是水凝结而成的，却比水还要寒冷。荀子在这里教导我们如何在学习中培养大智慧，变得聪明起来。

一是要把学习当作吸收营养、为我所用的过程。学习是一个学、思、践、悟的过程，就像人吃饭一样，把食物消化、吸收，从而转化为营养，供身体所需；也像海绵那样，把学习到的一切吸入体内，转化为能量。学习不是照搬照抄，而是善于创新，从而形成自己独立的思想和见解。

二是要善于融会贯通，促进知识从数量到质量的变化。从水到冰的变化，这是一个质变。广博地学习，达到融会贯通、触类旁通的程度，就能形成自己独特的东西。这就是一通百通，举一反三，触类旁通。

三是要把学习当作超越和创新的过程。“青，取之于蓝，而青于蓝。”学习是在传承中创新，是站在巨人的肩膀上的跨越，是“入乎其内，出乎其外”。学习，关键在于养成科学的思维，既有逻辑思维，又有发散思维；既有正向思维，又善于逆向思维；既有抽象思维，又有形象思维；既有继承思维，又有批评思维；既防止线性思维，又多用多维思维，这样，才能获得真正的智慧和智力。

三、学习是“化道远祸”之道

荀子在《劝学》中说：“故不登高山，不知天之高也；不临深溪，不知地之厚也；不闻先王之遗言，不知学问之大也。干、越、夷、貉之子，生而同声，长而异俗，教使之然也。

《诗》曰：‘嗟尔君子，无恒安息。靖共尔位，好是正直。神之听之，介尔景福。’神莫大于化道，福莫长于无祸。”

意思是说：所以，不登上高山，就不知天有多高；不亲临深渊，就不知道地有多厚；没有听到前代圣明帝王的遗言，就不知道学问有多么渊博。干、越、夷、貉人的孩子，刚生下来啼哭的声音是一样的，而长大后风俗习性却不相同，这是教育使之如此。

《诗经》说：“你这个君子啊，不要总是贪图安逸。恭谨地对待你的本职，爱好正直的德行。神明听到这一切，就会赐给你巨大的福气。”精神修养没有比受道教化更大的了，福分没有比无灾无祸更长远的了。

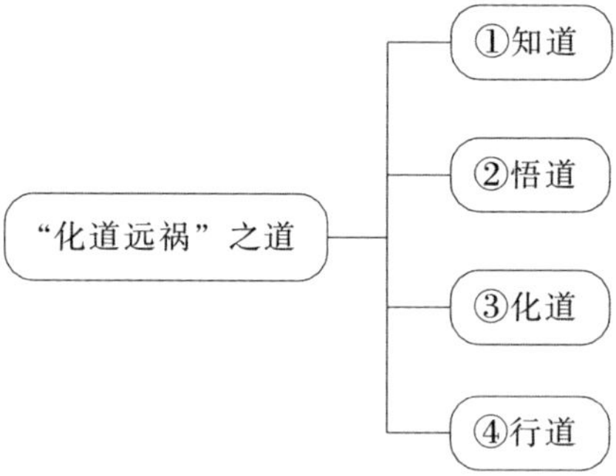

荀子在这里把学习提升到一个更高的境界，这就是知道、悟道、化道、行道，一切按“道”去办事，无灾无祸地实现幸福的人生。

（一）学习使一个人有自知之明，认清自我，保持清醒的头脑

人生有“三难”：自知之明难，实事求是难，知己知彼难。学习是我们认识自己的手段。学如登高临渊，不登高山、不临深渊就不知自己之渺小，学养深厚之人通常是谦谦君子。登高山、临深渊需要非凡的勇气，需要克服内心的恐惧，是一个挑战自我、战胜自我的过程。孔子在《论语·季氏篇》中说：“君子有三畏：畏天命、畏大人、畏圣人之言。小人不知天命而不畏也，狎大人，侮圣人之言。”孔子说，君子敬畏如下三者：敬畏天命、敬畏身居高位的人、敬畏圣人的言论。而小人，不了解天命因而无所顾忌，他们轻慢身居高位的人，侮辱圣人的言论。俗话说，“无知者无畏”，无知者其行为往往是鲁莽的，比如触电、溺水、烧伤等事故往往都源于无知。由于无知而胆大，或者野心膨胀，或者目中无人，不自量力，挑战上司，顶撞贤人，最后落得个身败名裂的下场，这都源于轻视学习，放纵了自我，给自己带来灾祸。

明代吴麟徵在《家诫要言》中说："多读书则气清，气清则神正，神正则吉祥出焉，自天佑之；读书少则身暇，身暇则邪间，邪间则过恶作焉，忧患及之。"学习可以增强我们思想、道德的"免疫力"，增强抵抗外部"病毒"入侵的能力，在不断的修炼中，既保持高风亮节，也养成乐观向上、开朗自信的心态，这也是"仁者寿"的道理。

（二）学习是寻道、悟道、行道，使人行走在吉祥的大道上

老子在《道德经》第四十八章讲："为学日益，为道日损，损之又损，以至于无为，无为而无不为。""为学日益"强调学习是一个不断积累的过程。"为道日损"是我们在对自然、人文社会不断学习和认知的基础上，从"博"到"约"到"精"再到"简"的过程，学习使我们融会贯通，既增进学识，又不断忘记和舍弃生命中"多余"的东西。在人生的旅途中，减少功名利禄的"包袱"，不但能轻松地前行，也能平安、愉快地到达人生的终点。

《礼记·礼运》说："大道之行，天下为公"，学习升华了人的思想境界，从"小我""大我"转变为"无我”，把学习的全部智慧奉献给了人民大众和社会进步事业，从而获得了存在感、成就感和幸福感，这就是“福莫长于无祸”的意义所在。

（三）学习让人拥有幸福的人生

荀子说：“神莫大于化道，福莫长于无祸”，富有深刻的哲理。儒家主张“志于道”“安贫乐道”，甚至殉道。荀子在这里讲的化道，首先是化天地之道，按照客观规律办事。有些人招祸，很大程度上来源于“三无”，即无知、无畏、无德。无知故无畏，无畏故无德，无德必招祸。有的人缺乏安全知识，死于事故；有的人缺乏养生知识，死于疾病；有的人缺乏处世智慧，死于被人陷害，等等。可见，“文盲”“科盲”“德盲”是灾祸之源。为此，化道必须遵循自然规律和客观规律，坚持科学思维，不凭心血来潮、个人好恶做事，也不意气用事；不盲干，不乱作为，这样才能积福远祸。

今天，我们处于知识大爆炸时代，知识更新换代很快，不学习就会成为时代的落伍者。

王安石曾写《劝学文》劝勉大家：

读书不破费，读书利万倍。

窗前读古书，灯下寻书义。
贫者因书富，富者因书贵。

宋真宗也写了一首《劝学诗》：

富家不用买良田，书中自有千钟粟。
安居不用架高堂，书中自有黄金屋。
出门莫恨无人随，书中车马多如簇。
娶妻莫恨无良媒，书中自有颜如玉。
男儿欲遂平生志，五经勤向窗前读。

读书、学习吸收精神营养，是人生乐事。欧阳修《读书》：“乃知读书勤，其乐固无限。”

宋元时期的翁森认为学习是一种快乐的享受，他写了《四时读书乐》[①]，《四时读书乐》是四首歌咏读书情趣的旧诗，也是很好的劝学诗：

① 此处《四时读书乐》采用四库全书版本，与其他版本文字上稍有不同。

春

山光拂[1]槛水绕廊，舞雩归咏春风香。

好鸟枝头亦朋友，落花水面皆文章。

蹉跎莫遣韶光老，人生唯有读书好。

读书之乐乐何如？绿满窗前草不除。

夏

修竹压檐桑四围，小斋幽敞明朱晖。

昼长吟罢蝉鸣树，夜深烬落萤入帏。

北窗高卧羲皇侣，只因素稔读书趣。

读书之乐乐无穷，瑶琴一曲来薰风。

秋

昨夜前庭叶有声，篱豆花开蟋蟀鸣。

不觉商意满林薄，萧然万籁涵虚清。

近床赖有短檠在，对此读书功更倍。

读书之乐乐陶陶，起弄明月霜天高。

冬

木落水尽千岩枯，迥然吾亦见真吾。

坐对韦编灯动壁，高歌夜半雪压庐。
地炉茶鼎烹活火，四壁图书中有我。
读书之乐何处寻？数点梅花天地心。

明代名将郑成功有一副自勉联：“养心莫善寡欲，至乐无如读书。”上联出自《孟子·尽心下》：“养心莫善寡欲。”意思是说，修身养性的最好方法是少私寡欲。寡欲能净化心灵，使人胸怀坦荡、品德高尚。明代医学家龚居中说：“若能清心寡欲，久久行之，百病不生。”下联出自《史典·愿体集》：“至乐无如读书，至要莫如教子。”读书不仅可以获得知识、启迪智慧，还可以从中获得调节情感、平衡心理、化解郁结和修身养性的乐趣。所以，读书被认为是令人心旷神怡的“思维体操”。

除了以上三大意义以外，我认为学习还可以增加人生的乐趣：一是获得心情的快乐。在当代的都市里，人们生活节奏在加快，生活空间在扩大，人与人之间的交流有了疏离感。特别是老年人，子女长大了，工作放下了，突然之间有一种孤独感、寂寞感。学习、思考、写作是摆脱无聊、郁闷、孤独的一种最好的方式。从繁忙的工作岗位退下来以后，通过学习和写作，每天的生活有了重心，内心变得充实，顺利完成了生活轨道的变换，在学习和写作中忘记了烦恼，忘记了忧愁，也排解了孤独。所以说，以书为友，让生活有了意义。二是享受发现的快乐。学习让我们增长了知识，提升了智慧，在学习中发现了真理，获得了真知，对已有的知识进行新的组合，形成了新的见解，在这种创造性的学习中，获得快乐的高峰体验，是令人兴奋的，具有成就感和幸福感。三是获得生命健康的快乐。学习可以使生命更加充盈。读书学习除了让人心平气和、恬然自得，带来愉悦心情以外，还是一种很好的养生方法。一个人时时处处注意学习，可以跟上时代的步伐，养成积极、乐观、年轻的心态；也可以增强记忆力，预防阿尔茨海默病。学习是最好的保健法，凡是善于学习、勤于用脑的人，都比终日无所事事的人活得快乐和健康。

第三讲 “善假于物”：善结“学缘”借外力

学习首先取决于自己的态度、勤勉的程度，然而，每一个人的时间、精力、财力都是十分有限的，这就要借助科学的方法。“好风凭借力，送我上青云”。有人把学习方法分为泛读、通读、精读、研读、写读等。但学习作为一种思维活动，一种“智力运动”，要活学活用，除了自身的努力以外，还要讲究学习的方法，并善于借助外力寻找捷径，以提高学习的效率，这样就可以达到事半功倍的效果。为此，荀子在《劝学》中指出，要“善假于物”，即善结“学缘”。

《劝学》中说：

吾尝终日而思矣，不如须臾之所学也；吾尝跂而望矣，不如登高之博见也。登高而招，臂非加长也，而见者远；顺风而呼，声非加疾也，而闻者彰。假舆马者，非利足也，而致千里；假舟楫者，非能水也，而绝江河。君子生非异也，善假于物也。

这段话的意思是说：我曾经一天到晚地冥思苦想，却比不上片刻学到的知识多；我曾经踮起脚向远处望，却不如登到高处见得广。登到高处招手，手臂并没有加长，可是远处的人却能看见；顺着风呼喊，声音并没有加大，可是闻者却能听得很清楚。借助车马的人，自己走得并不快，却可以到达千里之外；借助舟船的人，并不善于游泳，却可以横渡江河。君子的资质秉性跟一般人没什么不同，只是善于借助外物罢了。

荀子否认孟子所说的人有天生的“良知”“良能”，他强调要向他人学习。他先从生活经验说起：站在高处望，比踮起脚见得广阔；登高招手，顺风呼喊，手臂并非更长，声音并非更大，可是别人却能远远地看到，清楚地听见，可见利用高处和顺风的作用之大。推而广之，“假舆马”“假舟楫”的人，也并非善于走路或擅长游泳，可是他们却能“致千里”“绝江河”。君子之所以会有超过一般人的才德，就是因为他们善于利用外物来好好学习。人如果善于利用外物好好学习，也就可以变为有才德的君子。荀子认为，学习要善假于物，以物为载体、为工具，寻找学习的捷径。这个“物”就是借助“学缘”，以此为桥梁，通向智慧的彼岸。

人生都是因缘聚散，因姻缘而成为夫妻，因亲缘而成为亲戚，因“学缘”而结为学友，而善结“学缘”则是我们获得知识、智慧的途径。那么，如何善结“学缘”呢，荀子讲了“师”和“友”两个方面：

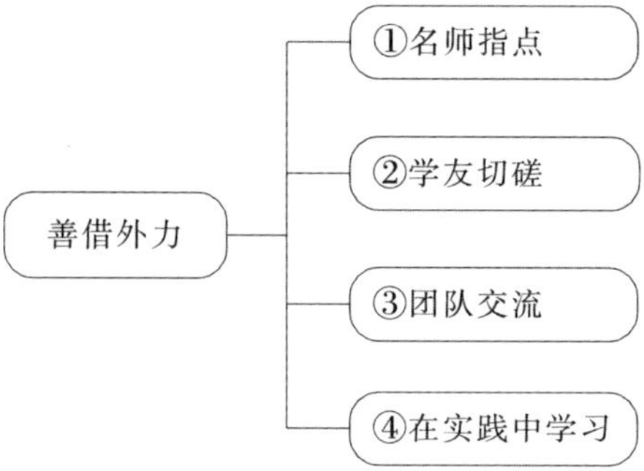

一、名师指点，教学相长

《劝学》中说：“学莫便乎近其人。《礼》《乐》法而不说，《诗》《书》故而不切，《春秋》约而不速。方其人之习君子之说，则尊以遍矣，周于世矣。故曰：学莫便乎近其人。”

这段话的意思是说，学习没有比亲近良师更便捷的了。《礼》《乐》记载法度但嫌疏略，《诗》《书》记载了古代的故事但不切近现实，《春秋》意旨遥深而难以迅速理解。效仿良师学习君子的学问，则能养成崇高的品格，得到诸经之传，而合于世用。所以说，学习没有比亲近良师更便捷的了。

《劝学》还说：“学之经莫速乎好其人，隆礼次之。”意思是说，为学的要道，没有比亲近贤师更便捷的途径，其次才是遵守礼法。

（一）良师是增长学识、学问的捷径

帮助我们成长的首先是家长，然后是老师。韩愈在《师说》中说：“古之学者必有师。师者，所以传道、授业、解惑也。”俗话说“名师出高徒”，一个人有名师的指点，比自己在黑夜中摸索要省心、省力，古代的许多行业都要拜师，特别是工艺美术行业，都要有师承关系。

孔子之所以知识渊博，与他虚心以他人为师分不开。他在《论语·学而篇》说：“君子食无求饱，居无求安，敏于事而慎于言，就有道而正焉，可谓好学也已。”孔子说：“一个君子，饮食不求满足，居住不求安适，办事勤快而说话谨慎，主动向言行高尚的人请求教导指正，这样可以称得上是好学的人了。”孔子认为好学的人有三个基本的要求，第一要降低物质享受的欲望；第二要在言行上磨炼和提高自己；第三要虚心向良师请益，从而使自己走上人生正途。

孔子在《论语·述而篇》中说：“三人行，必有我师焉；择其善者而从之，其不善者而改之。”孔子说：

"三个人走在一起，其中一定有可以让我效仿的人；我选择他们的优点来学习，看到他们的缺点就警醒自己并改正那些缺点。"只要放下身段，留心观察，我们周围的人大多可以成为我们之师，从他们身上可以得到教益。相传，孔子曾师从郯子、苌弘、师襄、老聃，他曾向郯子请教官职的名称，向苌弘请教古乐之事，向师襄请教琴道之事，向老子请教用礼之事。韩愈说："弟子不必不如师，师不必贤于弟子。闻道有先后，术业有专攻。"一个人的知识是有局限的，不要将年龄、身份、地位乃至学识作为从师的障碍，只要他人有一点可取之处，便可从而学之。

（二）以虚心的态度拜师尊师

《礼记·学记》说："安其学而亲其师，乐其友而信其道。"历史上许多在学问上有建树的人，都是虚心拜师尊师的。大家熟知的"程门立雪"的故事就是一个尊师的佳话。宋代理学家杨时，十五岁时攻读经史。有一次他与同学游酢在读书时争论起来。为了尽快弄清问题，他们就冒着鹅毛大雪，上门向老师程颐请教。时值程老师午睡，杨时和游酢两人站在门口，静静地等候。过了很久，程老师醒来，发现门口站着两个"雪人"，急忙把他们叫进屋。老师责怪他们：“外边雪那么大，你们为什么不进屋呢？”杨时说：“老师，您正午休，我们怎能惊动您呢！”后来，杨时学到了“程学正宗”，世称“龟山先生”。

六祖慧能是一个有慧根的人，但他的“顿悟”是经五祖弘忍大师的“点拨”而得的。据《六祖坛经·行由品》记载，慧能年轻时听说湖北蕲州黄梅寺五祖弘忍大师修行很高，开坛设教，教化众生，便前往求教。在经历了对话、写偈、苦役等多项考核合格之后，弘忍大师决定收慧能为徒。有一天夜里，弘忍大师去慧能的作坊，问道：“米舂好没有？”慧能说：“米早就舂好了，只欠筛过。”慧能的回答隐含着“欠师指点”之意。大师约慧能半夜三更到佛堂。当夜，弘忍大师为慧能讲解《金刚经》，当讲到“应无所住而生其心”时，慧能马上大彻大悟，明白了“一切万法不离自性”的道理。弘忍大师拨开迷雾见青天，为慧能指点迷津。后来，五祖想亲自送慧能过江，慧能却说：“迷时师度，悟时自度。”自己摇橹过江。后来，经过“怀会止藏”十五年的修炼，终于创立了“扫相破执，直指心源，不落阶级，顿悟成佛”的南宗禅法。可见，弘忍大师在慧能开悟的历程中起着解惑开示的作用，让慧能的境界有一个更高的突破。正所谓“与君一夕话，胜读十年书”，名师的指点确为重要。

（三）尊师、法师更要超越于师

俗话说：“师傅领进门，修行在自身。”老师是学生的领路人，主要是指引方向，而能否成功则在于自己的努力。向老师学习，这只是第一步。荀子说：“青，取之于蓝，而青于蓝。”只有勇于超越，才是真正懂得学习之道。著名画家齐白石先生曾有一句名言：“似我者死，学我者生。”他希望弟子与后人能成为开宗立派的大画家，而不是固守笔法的小画匠。做学问要拜师，但如果把师传当成一个框框，不敢有所突破，也不可能创立一个新的学派。

二、学友切磋，共同提高

《劝学》：“南方有鸟焉，名曰蒙鸠，以羽为巢，而编之以发，系之苇苕。风至苕折，卵破子死。巢非不完也，所系者然也。西方有木焉，名曰射干，茎长四寸，生于高山之上，而临百仞之渊。木茎非能长也，所立者然也。蓬生麻中，不扶而直；白沙在涅，与之俱黑。兰槐之根是为芷，其渐之滫，君子不近，庶人不服，其质非不美也，所渐者然也。故君子居必择乡，游必就士，所以防邪辟而近中正也。”

这段话的意思是：南方有一种鸟，名叫蒙鸠，它用自己的羽毛做巢，还用毛发细细编织，系于芦苇之上。大风一吹，芦秆折断，鸟蛋摔烂了，幼鸟也摔死了。这并不是鸟巢做得不完美，而是不该系在芦苇上面。西方有种叫射干的草，茎长四寸，生长在高山上，俯临着百丈深渊。之所以如此，不是因为它的茎长，而是它长在了高山之巅。蓬草长在麻地里，不用扶持自然能长得直。白沙混杂在黑泥中，自然就会和它一起变黑，兰槐的根叫白芷，如果用酸臭的脏水浸泡它，君子不愿接近它，普通人也不愿意佩戴它，这不是因为它本身不香，而是被浸泡臭了。所以君子居住要选择好的乡邻，出游要亲近有品学之士，用来防止沾染邪恶的东西，接近中正之道。

中国古代认为人有“五伦”：君臣、父子、夫妻、兄弟、朋友。这是比较重要的几种人际关系。其中朋友是一种社会关系，有多种多样的朋友，如基于爱好的酒友、棋友、茶友等，基于工作的工友等，基于艺术的琴友、诗友、画友等，一个人的学识水平在一定程度上取决于离他最近的朋友。

《论语·季氏篇》云：“孔子曰：‘益者三友，损者三友。友直，友谅，友多闻，益矣。友便辟，友善柔，友便佞，损矣。’”孔子认为有三种朋友是益友，三种朋友是损友。与正直的人为友，与诚信的人为友，与见多识广的人为友，那是有益的；与谄媚逢迎的人为友，与刻意讨好的人为友，与巧言善辩的人为友，那是有害的。孔子在这里讲的“友多闻”就是有学识、有学问的人，与这种朋友共同讨论，在思想文化的交流过程中，会相互影响，相互促进，使学问大有长进。

马克思和恩格斯可以说是“学友”的典范。马克思和恩格斯具有共同的志向，他们每天都以通信的形式，谈论政治和科学问题。马克思把阅读恩格斯的来信看作一件愉快的事情。在他们看来，任何人对他们的思想和著作的评价都不及他们彼此交换意见那样重要。于是，一有机会，恩格斯便摆脱商务，跑回伦敦，与马克思讨论研究课题。1867 年 8 月，《资本论》第一卷出版了，马克思兴奋地给恩格斯写信：“这一卷能够完成，只是得力于你！没有你为我而作的牺牲，这样三大卷的大部头著作，是我不能完成的，我拥抱你，感激之至！”马克思的女婿拉法格曾经说，恩格斯是马克思的“第二个自我”，他们两人的友谊是建立在学友的基础上，《资本论》是两人切磋、研究的产物。1883 年，马克思逝世。恩格斯悲痛万分，朋友们劝他去旅行，散散心，但他记挂着马克思用毕生精力写作的《资本论》尚未完稿，便着手整理和出版《资本论》的后两卷。他花了整整八年时间，才完成了这部伟大的著作。

荀子说：“蓬生麻中，不扶而直；白沙在涅，与之俱黑。”这就是说，一个人所处的环境和交往的圈子对其的影响是巨大的。“君子之交淡如水，小人之交甘若醴。”君子之交是心灵的沟通，所追求的是志同道合的人生体悟。身处君子的道德环境中，会不自觉地校正自己的行为。一切向君子看齐，品行端正情趣高雅，就如蓬草生于麻中自然长得很直。

有什么样的朋友，往往决定了一个人具有什么样的人生。“近朱者赤，近墨者黑”，要亲贤能远小人，远离不良的环境。

俗话说：“人以群分，物以类聚。”“孟母三迁”是教子的典范，孟母三次迁居只为选择一个好的环境，以利于孟子的成长。学习环境对孩子的影响非常大，包括学校的学风、师长的素养以及学友的品行。人们热衷于选择名校，原因就在于此。

曾经担任毛泽东秘书的田家英，认为人生有两件乐事：一件是读书，一件是与志趣相投的人聊天。学友之间的交流是一种相互启发，有助于学问的提高。

当个人的学问发展到一定的水平时，要突破学术、艺术的瓶颈，其中的途径就是以文会友，与人切磋交流。学问之道在于在磨砺中扩展，这是“学”与“习”得以磨砺、升华的过程。

《劝世良言三十六篇》之《学问篇》说：

学问就在学问间，勤学好问出良贤。

尺有所短寸有长，人中处处隐明先。

从师多人集群智，青出于蓝胜于蓝。

非学无以成广器，不博怎能成一专。

“学问”来源于“学”与“问”，这个问除了向老师请教以外，还在于与学友的讨论。学问是琢磨切磋出来的，琢磨是自己思考，切磋是相互探讨，在切磋中获得共同进步和提高。特别是在工作中碰到一些难题时，在团队中进行讨论，开展“头脑风暴”，集思广益，可以让我们找到解决问题的良方。因为，每一个人的知识、视角都是有局限的，广泛、深入的讨论，可以取长补短，达到共同提高的目的。因此，我们既要提倡自主学习，又要开展团队学习，运用交互式的学习方法，开阔自己的视野，克服自己的局限。

“善假于物”，更为重要的是在实践中学习，特别是一些科学实验，都是在实验中发现客观事物的规律、原理的。周恩来总理年轻时曾经给自己撰写了一个座右铭：“与有肝胆人共事，从无字句处读书。”意思是交友要选择志同道合者，肝胆相照，光明磊落，读书要注重实践，既读有字之书，更要读无字之书，向实践学习，向人民群众学习，不断地增长才干。

明末学者徐霞客被称为跋涉天涯一奇人。他为了撰写《徐霞客游记》，历时 32 年，走遍了 21 个省，在 54 年的生命中，一半时间行走在大地上。他不避风霜雨雪，不惧豺狼虎豹，三次遇盗，数次绝粮，几次险些丧命，最终成为中国有史以来最为特立独行的探险家，行迹遍历中国大地山川；他“用脚思考”，写出《徐霞客游记》这本传世之作，而这本奇书，在文学史、地理学上具有重要地位，既为中国旅游文学开创了新的面貌，又为自然探索提供了翔实的记录。

“善假于物”在当代社会更为重要。由于现代科技的发展，我们的读物日益丰富。阅读的途径日趋多样，既有纸质读物，又有电子读物；既可以坐在家中读书，又可以移动阅读，如在飞机、火车等旅途中均可阅读。现代科学技术特别是互联网技术为我们提供了更丰富、更便捷、更生动的阅读，是现代人学习不可缺少的“物”。为此，要养成时时、处处皆学习的习惯，利用好“三余”“三上”的碎片化时间进行学习，从而使物尽其用，人尽其能，取得更好的学习效果。

第四讲　“锲而不舍”：以虚心、恒心、专心作为“强学之法”

学习要有良师益友的指点，这是学习的外部条件和助力，但关键还在于自身的热情、毅力和努力。为此，荀子提出了“强学之法”，指出：“故不积跬步，无以至千里；不积小流，无以成江海。骐骥一跃，不能十步；驽马十驾，功在不舍。锲而舍之，朽木不折；锲而不舍，金石可镂。”这段话的意思是：所以不积累小步，就没有办法到达千里之外；不汇聚细流，就不能汇成江河大海。千里马跳跃一次，不能超过十步；劣马走十天，也能走得很远，它的成功在于不停地走。雕刻一下就停下来，腐朽的木头也不能刻断；坚持雕刻下去，金石也能雕刻成形。

学习要寻找捷径，但得下苦功夫。曹雪芹写《红楼梦》，“披阅十载，增删五次，纂成目录，分出章回，又题曰《金陵十二钗》，并提一绝”：

满纸荒唐言，一把辛酸泪。
都云作者痴，谁解其中味？

北宋大儒张载立志“为天地立心，为生民立命，为往圣继绝学，为万世开太平”。他居南山之下，静坐一室之中，昼则简编，俯读仰思；夜则秉烛，继之不辍，勤学、苦学，一刻也不停息。

对于“强学之法”，荀子概括为如下四个方面。

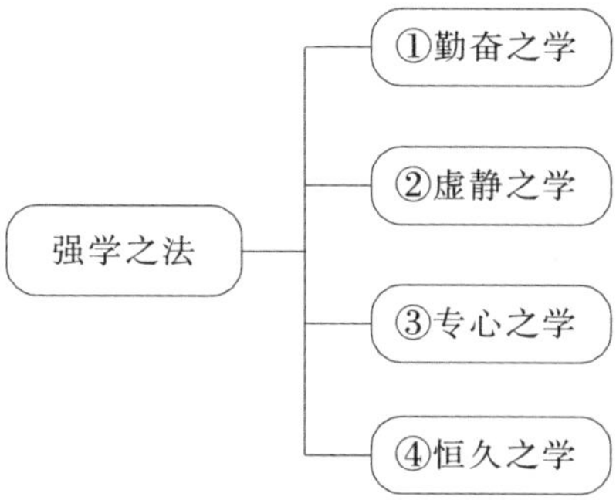

一、勤奋之学

《劝学》说：“驽马十驾，功在不舍。锲而舍之，朽木不折；锲而不舍，金石可镂。”学习必须下苦功夫，矢志不移。古代有许多勤学的故事，如苏秦“悬梁刺股”，匡衡“凿壁偷光”，孙康“寒冬映雪”等。

孔子也是一个勤学的典范。“韦编三绝”讲的就是孔子勤学的故事，孔子晚年读《易经》，把串连竹简的牛皮带子都多次磨断了。他在《论语·述而篇》中曾感叹地说：“加我数年，五十以学易，可以无大过矣。”孔子感叹光阴飞逝，生命短暂，假如再多几年时间，可以更透彻地研究《易经》而做到行止无大过。

孔子在《论语·述而篇》中说："我非生而知之者，好古，敏以求之者也。"孔子说：我不是生来就有知识的，我是爱好古代文化，再勤奋敏捷地学习以获取知识。

大凡学有所长之人，都把学习当作生命中不可缺少的部分，内化为对生命价值的追求。坚定信念，永不懈怠，日积月累，不断超越，让生命更加充盈。

宋代汪洙在《勤学》中说："学向勤中得，萤窗万卷书。三冬今足用，谁笑腹空虚？"

汪洙引用车胤"夏夜囊萤"，孙康"寒冬映雪"，东方朔"三冬读史"的励志典故告诫儿子。小时候，汪洙家境贫寒，可他偏是个不认命的人，勤学苦读，立志有朝一日扬眉吐气。有一次，他用石子题诗于学宫壁上，被明州知府发现。知府望着眼前穿着破旧短衣的少年，就问："汝欲做神童耶？衫子为何如此破旧？"汪洙应声答诗一首："神童衫子短，袖大惹春风。未去朝天子，先来谒相公。"知府一听，小小年纪，口气不小。汪洙说："将相本无种，男儿当自强。"后来汪洙入朝为官，官至观文殿学士，而他的"谁笑腹空虚"，也成了激励学子的经典语录。

晋代诗人陶渊明是一个勤奋好学之人。陶渊明隐居田园后，乡邻中有个读书少年向他求教说：“老先生，我非常敬佩您的渊博知识，不知您学习有什么妙法？小辈愿听指教，以开茅塞。”

陶渊明一听这少年是向他讨学习妙法的，哈哈大笑：“学习是绝无妙法的，而只有笨法，常言道：‘书山有路勤为径’，勤学则进，辍学则退呀。”

那少年听罢，似懂非懂，仍不甚了了。陶渊明便拉着少年的手，来到他亲手耕种的那块稻田旁，指着尺把高的禾苗说：“你蹲在那禾苗前，聚精会神地瞧一瞧，它现在是不是在长高呢？”那少年遵嘱注视了很久，仍不见禾苗往上长，便站起来对陶渊明说：“没见长啊！”

陶渊明反问道：“真的没见长吗？那么，矮小的禾苗是怎样变得这么高的呢？”

陶渊明见少年低头不语，便进一步引导说：“其实，它时刻都在生长，只是我们肉眼看不到罢了。读书学习，也是一样的道理，知识是一点一滴积累的，有时连自己也不易觉察到，但只要勤学不辍，就会积少成多。”

接着，陶渊明又指着溪边的一块磨刀石问少年："这块磨刀石为何有磨损得像马鞍一样的凹面呢?""这是长期磨刀形成的。"少年随口答道。"那它究竟是哪一天被磨成这样的呢?"少年摇摇头。

陶渊明说："这是大家天天在上面磨刀、磨镰，日积月累，年复一年，才成为这样的，学习也是如此，如果不坚持读书，每天都会有所亏欠啊!"

少年恍然大悟，连忙向陶渊明行了个大礼说："多谢先生指教，学生再也不去求什么妙法了，能否请先生为我留几句话，作为我学习的座右铭?"

陶渊明欣然提笔，一挥而就：

勤学如春起之苗，不见其增，日有所长；

辍学如磨刀之石，不见其损，日有所亏。

陶渊明劝学蕴含着智慧。人的成长如陶渊明所言，有的如春起之苗，日有所长；有的如磨刀之石，日有所亏。今天的一切都是昨天的结果，而今天的所有又将改写明天。

韩愈在《进学解》中说："业精于勤，荒于嬉。"学习如果三天打鱼两天晒网，想凭自己的天赋才智而不用功，终将一事无成。

清代文学家彭端淑在《为学》中说：“吾资之昏，不逮人也，吾材之庸，不逮人也；旦旦而学之，久而不怠焉，迄乎成，而亦不知其昏与庸也。吾资之聪，倍人也，吾材之敏，倍人也；屏弃而不用，其与昏与庸无以异也。”他说：“我天资愚笨，赶不上别人；我才能平庸，赶不上别人。但我每天持之以恒地提高自己，等到学成了，也就不知道自己愚笨与平庸了。我天资聪明，超过别人；我才思敏捷，超过别人。但我不努力发挥自己的才能，这就与愚笨和平庸的人没有差别了。”他还讲了两个和尚的故事，两个和尚打算到南海去，富和尚说：“我要筹集到资金和工具再去。”穷和尚说：“只要有一个盛水的水瓶和盛饭的碗就够了。”到了第二年，穷和尚从南海回来了，富和尚还在谋划。彭端淑用这个例子说明：聪明与敏捷，可以依靠又不可以依靠；凭借聪明与敏捷却不努力学习的人，是自己毁了自己。愚笨和平庸，可以限制又不可以限制；不被自己的愚笨和平庸所局限而勤奋学习的人，是靠自己努力学成的。学习的成败，关键在于自己是否刻苦努力，不在于天资的高低。

为此，《礼记·中庸》说："人一能之，己百之；人十能之，己千之。果能此道矣，虽愚必明，虽柔必强。"一个人只要能付出相较他人百倍、千倍的努力，必然能从平庸变成卓越，从柔弱变得刚强。

二、虚静之学

荀子主张学习不仅要专心致志，而且要心无杂念，要清醒、冷静。他在《荀子·解蔽》中提出要"虚壹而静"，指出"心未尝不臧也，然而有所谓虚；心未尝不两也，然而有所谓一；心未尝不动也，然而有所谓静……心卧则梦，偷则自行，使之则谋。故心未尝不动也；然而有所谓静，不以梦剧乱知谓之静。未得道而求道者，谓之虚壹而静。作之，则将须道者之虚则入，将事道者之壹则尽，将思道者之静则察。"有人问，怎样才能了解"道"？荀子回答：用心。那么，"心"又怎么能了解"道"呢？荀子说：靠虚心、专一、宁静。心不能一心两用，要有所谓的专一。心不是没有动的时候，而是要有所谓静……人心最为微妙，睡觉时会做梦，松懈就会胡思乱想，用它就会思考。所以心未必不动，而是有所谓静，不因为梦之杂乱而干扰心智就叫静。对于不认识道而求道的人，能专一就能全面认识道；想要研究道的人，能静就可以明察道。心很容易躁动，只有用理性意志战胜人心躁动，人才能沉静下来，不受外在复杂事物的干扰，遇事时才能够沉着、冷静。“虚静之学”，是内心平静之下所做的理智思考，是以强大的意志力进行的自我控制，为学习准备了平和、安宁的心境，这是“强学之法”的心理要求。

虚静之心，关键在于去“浮躁”。《劝学》说：“蟹六跪而二螯，非蛇鳝之穴无可寄托者，用心躁也。”荀子用“蚓无爪牙之利，筋骨之强”，却能够“上食埃土，下饮黄泉”与“蟹六跪而二螯”，却“非蛇鳝之穴无可寄托”进行对比，说明学习必须有虚静之心，不能粗心浮躁。

“静”是儒释道三家都推崇的一个重要概念，儒家认为“定”后能静，静后能清，清后能明，静能生慧。儒家把入静、修静作为一个重要的方法。“禅那”是梵文 Dhyana 的音译，原意是沉思、静虑。道家更是强调清静无为。翁同龢曾说：“每临大事有静气，不信今时无古贤。”他认为大凡有静气的人，大都能成就一番事业。“静”是一种人生姿态、思想境界、养生方式，更是一种学习方法。

明代吕坤在《呻吟语·问学》中说："静是个见道的妙诀，只在静处潜观，六合中动的机括都解破。若见了，还有个妙诀以守之，只是一，一是大根本，运这一却要因时通变。"一个人假如心浮气躁，不但书读不进去，知识记忆不牢，而且也不可能专注于做学问。

清代唐彪在《读书作文谱》中说："心无累能静，勤省察以驱闲念能静，不疾行大声能静，不见可欲能静。"又说："心非静不能明，性非静不能养，静之为功大矣哉！灯动则不能照物，水动则不能鉴物，静则万物毕见矣，惟心亦然。"

清代石成金在《读书心法》中说："读书先要除去了杂念，才能熟得透彻，记得久远。譬如人腹中先将藜藿菜蔬吃饱了，后来虽有珍馐美味，也不能下咽，必须腹中消去几分藜藿菜蔬，才能进得几分珍馐美味。这杂念不独是尘俗事件，即书中亦有要紧的，不要紧的。"

诸葛亮在《诫子书》中有这样一句名言："非淡泊无以明志，非宁静无以致远。""远"指的是远大的目标，只有使自己的心静下来，才能走得更远。一个人不为杂念所左右，专心致志做好一件事情，别的诱惑都迷乱不了他；一个人为实现一个目标，精于一事，才有可能成为一个领域的精英。

唐代诗人杜荀鹤在《题弟侄书堂》说：

何事居穷道不穷，乱时还与静时同。
家山虽在干戈地，弟侄常修礼乐风。
窗竹影摇书案上，野泉声入砚池中。
少年辛苦终身事，莫向光阴惰寸功。

杜荀鹤一生治学，唯恐心有旁骛，走到哪里都会随身带一本诗文，自言“乍可百年无称意，难教一日不吟诗”。这首诗是他为侄儿的书堂所题，勉励侄儿读书惟务静，无褐不忧贫。

一家媒体采访苏联著名科学家尤比契夫，当摄影师给他拍照时，他开玩笑地说：照相不应该照脸，而应该照臀部。这个玩笑很幽默，但也很实在，意思就是说，像他们那些学者所取得的成功，全在于屁股“坐得住”。其实，这种“坐得住”的态度正是我们大多数人所缺乏的“静”的心态。

一个人如果想要在某个方面有所建树，就必须耐得住寂寞，坐得住冷板凳。霍金为什么能够成为科学的巨人，是他天资聪慧吗？恐怕不尽然。“如果不是因为生病，我不会有今天的成就。”霍金的话向我们提示了他能够“站起来”的原因：专注而安静地坐着。

齐白石成为大师后，有人问他，如何从一名木匠转变成巨匠？他答道：“作画是守静之道，涵养静气，事业可成。”坐得住不仅是一种心态，还是一种境界。坐得住的人不会问时间岁月，也不会在意是非得失。

2002 年诺贝尔文学奖得主凯尔泰斯·伊姆雷，从事写作五十多年，获奖之前在《世界名人词典》中根本查不到他的名字。为什么？因为他始终默默无闻地辛勤写作，拒绝采访，不出席各种会议，半个世纪始终如一地坚持着。

著名历史学家范文澜曾写了一副对联：“板凳要坐十年冷，文章不写一句空。”说的是要耐得住寂寞，忍得了清苦，要“十年磨一剑”，用心静、气定的态度去做学问。

人生贵在坐得住，人生也难在坐得住。坐得住贵在坚守，因为只有坐得住，才能磨炼意志，才能凝聚力量，才能造就辉煌。摒弃浮华，坚守住内心的操守，能经得起诱惑，坐得住冷板凳，这是几乎所有成功的人都具备的品质。因为不经历寂寞、逆境和默默无闻的考验，就无法磨炼自己的意志，并最终到达成功的顶峰。

三、专心之学

《劝学》：“蚓无爪牙之利，筋骨之强，上食埃土，下饮黄泉，用心一也。蟹六跪而二螯，非蛇鳝之穴无可寄托者，用心躁也。是故无冥冥之志者，无昭昭之明；无惛惛之事者，无赫赫之功。行衢道者不至，事两君者不容。目不能两视而明，耳不能两听而聪。螣蛇无足而飞，鼫鼠五技而穷。

诗曰：‘尸鸠在桑，其子七兮。淑人君子，其仪一兮。其仪一兮，心如结兮。’故君子结于一也。”

这段话的意思是：“蚯蚓没有锐利的爪子和牙齿，也没有强健的筋骨，却能向上吃到泥土，向下喝到土壤里的水，这是由于它用心专一啊。螃蟹有六只脚，两只大钳子，如果没有蛇、鳝的洞穴它就无处栖身，这是因为它用心浮躁不专一。因此，没有专一精诚的精神，就没有清明的智慧；没有坚定不移的行为，就不会有巨大的成就。在歧路上行走到达不了目的地，同时侍奉两个君主的人，两方都不会容忍他。眼睛不能同时看明白两样东西，耳朵不能同时听清楚两种声音。螣蛇没有脚但能飞，鼫鼠有五种本领却常常处于困境。《诗经》上说：'布谷鸟筑巢在桑树上，公平如一地养育它的七只幼鸟。善良的君子们，行为多么专一不偏邪。行为专一不偏邪，意志才会如磐石坚定。'所以，君子的意志坚定专一啊。"

坚定专一，是一种专注力，能够产生巨大的正能量。正如激光那样，聚集的激光可以产生巨大的热能，可以削铁如泥。一个人假如一辈子专心做一件事，就能把事情做到极致而成为某一领域的专家、能手。

汉字的"专"字，繁体"專"，表示万事之成，贵在于专。《说文解字》："專，纺專"，本义为纺锤，是收丝的器具。"纺專（专）"作为丝线的中心，作用是使丝线不缠绕于自身，不纷繁，不杂乱，从而专心致志。纺纱旋转时围绕一个中心转动，有专事、专注之意。由于熟练的纺纱能手可以用手快速操作"纺專"以提高生产力，故"专"引申为擅长、把持、专一、独占等义，如

“心不专一，不能专诚”；“专精覃思”指专心研究，深入思考；“专心致志”指一心一意，集中精神；“专欲难成”指只考虑自己的欲望，不考虑其他，事情难以办成。在某一领域具有一项特长，被称为专业，有专业、有造诣的人被称为专家。儒家把“专”作为治学的态度，孟子说：“不专心致志则不得也。”朱熹说：“读之者贵专而不贵博。盖惟专为能知其意而得其用；徒博则反苦于杂乱浅略而无所得。”意思是说，读书重在专而不重在博。专能知其意而懂得应用。只博不专，就反为杂乱所困惑而无所得。苏轼说：“不一则不专，不专则不能。”意思是说，不集中攻习一种技艺就难以有专长，没有专长就难以尽其才能。明代庄元臣说：“一矢不能中两的，一车不能赴两途。”人的寿命和精力都是有限的，有所为有所不为，才能有为；有所知有所不知，才能有知；有所长有所短，才能有专。那么，怎样才能做到专呢？

第一，要专注和痴迷。“专”字是纺纱时围绕一个圆心转，意为专一、专注。古往今来，在某一方面有造诣、有所建树的人，无一不是勤奋专注痴心不二的。如王羲之练习书法入了迷，总是情不自禁地用手划衣襟，久而久之竟划破了衣衫；爱因斯坦专注于研究课题，竟致多次迷路，找不到自己的家；安培专注于数据演算，错把奔跑的马车厢当成黑板在上面演算起来；巴尔扎克写《欧也尼·葛朗台》入了迷，对突然进屋的人高声大叫："是你害死了她!"牛顿也是如此。牛顿的天赋并没有明显的超人之处，然而他特别勤奋，学习和研究都专心致志，简直到了入迷的地步。牛顿着迷于计算月球的轨道，煮鸡蛋时错把手表扔进了锅里的故事，正反映了他对事业和学问都达到"入迷"的程度。

我们所熟悉的近代著名诗人闻一多先生，就因为读书成"痴"，留下过"醉书"的趣事。他结婚的那天，洞房里张灯结彩，热闹非凡，亲朋好友一大早就登门贺喜，但直到迎亲的花轿快到家时，人们还是到处都找不到新郎。大家东寻西找，最后却在书房里找到了他。找到他的时候，他仍穿着旧衣服，手里捧着一本书正看得入了迷。因此，人家说他不能看书，一看就要"醉"。闻一多先生这种对书的沉醉，正是建立在深深领悟到读书乐趣的基础之上。

我们知道记忆力是人类一切文明的基石，记忆力也是我们大脑最基本的能力之一，只有在良好记忆力的基础之上，才能建立起智慧的大厦，可见，记忆力是智力的内核，是智慧之母。

有人说年龄大了，记忆力就会衰退。我认为也不尽然。记忆力其实与专注力密切相关。我们在阅读的时候，对自己感兴趣的东西，一般都能记住，因此，如果我们带着一定的目的去学习，用心去记忆，一般来说都会记得很牢。所以说，专注力是打开记忆之门的一把钥匙。一个人专注力越强，就越能够有较长的时间在大脑中生成记忆。专注力就像聚光灯的焦点一样，可以集中能量。所以，专注力是深度开发大脑资源，促进神经可塑性的关键因素。可惜，我们现在缺乏对专注力的培养，未能激活一些潜在的神经。

我国著名的教育家陶行知先生曾推荐了学习的十大秘诀：一序，由浅入深，循序渐进；二勤，业精于勤，荒于嬉；三恒，持之以恒，锲而不舍；四博，从精出发，博览群书；五问，不耻下问；六记，多动笔墨，多记笔记；七习，温故而知新；八专，专心致志，专一博广；九思，多加思考，学会运用；十创，触类旁通，敢创新路。其中之一便是专心致志，专一博广。

第二，要集中时间和精力发挥自己的才艺。有人说天才是天赋加勤奋，可是，同样是勤奋，有的人成功，有的人则平庸，区别在于能否集中时间和精力在有意义的事情上。具有正常智商的人，如能集中自己的时间和精力，全力做好一两件事，而且长期坚持下去，大都能做出不俗的成绩，表现出相当的才能来。有些人集中毕生精力打桥牌、下围棋，有的人集中精力画画、练书法，还有的人专注于摄影、雕刻，结果都成了大师。可惜有些人把宝贵的时光用在无聊又无益、无意义、无格调的事上，如有的人一辈子争权夺利，有的人一辈子纠结于家庭矛盾，有的人一辈子吃喝玩乐，有的人一辈子干什么都是三分钟热度，一生都在改换门庭，结果一事无成。

第三，要增强抵抗诱惑的能力。在这个五彩缤纷的大千世界，有各种各样的诱惑让人眼花缭乱、心神不定，这就要求我们不能“花心”。有一位学术成就很高的学者，深有感触地现身说法：人生有三只兔子不可追。少儿时代，教室之外嬉戏玩耍是一只诱人的兔子，你若去追它，它就带给你荒废的一生。青年时代，校园之外名利富贵是一只诱人的兔子，你若去追它，它就带给你虚荣的一生。中年时代，社会上灯红酒绿是一只诱人的兔子，你若去追它，它就带给你堕落的一生。这位学者说：“你别羡慕我，人生之获得丰硕的成果，说难也难，说易也易，只要抵挡住诱惑，业绩往往水到渠成。”

四、恒久之学

学习应该成为一种习惯，矢志不渝，不断积累。《劝学》说：“积土成山，风雨兴焉；积水成渊，蛟龙生焉；积善成德，而神明自得，圣心备焉。”

这段话的意思是：土堆积起来成了高山，风雨就从这里兴起；水流汇积成为深渊，蛟龙就从这里诞生；积累善行养成崇高的品德，自然就会达到最高的智慧，具备圣人的精神境界。荀子主张学习要坚持不懈、不断积累。坚忍不拔的学习方法可以培养人极强的意志力，不断地控制自我、战胜惰性、超越自我。一时的内心平静、专心致志并不难，难的是始终如一、坚持不懈，这就是说，必须有顽强的毅力、意志。

孔子在《论语·述而篇》中说：“善人，吾不得而见之矣，得见有恒者，斯可矣。亡而为有，虚而为盈，约而为泰，难乎有恒矣。”意为：善人，我是没有机会见到了；能看见有一定恒心的人，也就不错了。本来没有，却装作有；本来空虚，却装作充足；本来穷困，却装作奢豪，这样的人是很难保持恒心的。

明代胡居仁说：“苟有恒，何必三更眠五更起。最无益，莫过一日曝十日寒。”

明代朱舜水说：“学者用功，须是渐进而不已，日计不足，岁计则有余。若一曝十寒，进锐退速，皆非学也。”

清代石成金在《读书心法》中说：“只要有恒心，不至或作或辍；有愤志，不至悠悠忽忽；有定课，不至厌常喜新，即得法矣。此通情快论。恒心愤志定课，乃学人至妙良法。”又说：“读书不怕少，不怕缓，只怕一曝十寒。譬如赶路的人，虽然紧走了些路，却歇息了多时，反不如徐行缓步者转先到地头了。谚云：‘不怕慢，只怕站。’”

持之以恒要具有坚持的精神。学习是一个日积月累、循序渐进的过程，只有坚持不懈才能拓展知识面。只要坚持不懈，“驽马胜良驹”，平常之人也会取得很大的成就。《三国志》有“士别三日，当刮目相待”的典故，讲的是东吴名将吕蒙的故事。

起初吕蒙不好学，毫无学问，被讥为“吴下阿蒙”，意指学识浅薄之人。后经孙权劝导，吕蒙开始发愤读书，他博览群书，学问日长，连那些老儒士也赶不上。

有一次，鲁肃与吕蒙探讨兵法，被吕蒙的真知灼见所折服。鲁肃拍着吕蒙的背说：“老弟学识渊博，不再是当日的吴下阿蒙了！”吕蒙回答说：“士别三日，即更刮目相待。”

吕蒙并非朽木之才，只是不愿意学习。一旦知晓学习的道理，就可以手不释卷、废寝忘食，终成有勇有谋的一代名将。荀子《劝学》忠告后人，成才之路并无捷径可走，只有持之以恒地艰苦付出才能有所成就。

在各个研究领域，总有人因坚持而成功，有人因浅尝辄止、半途而废而失败。德国化学家维勒研究一种铝矿石，因不能坚持，失去了发现“钒”的机会；瑞典化学家肖夫斯特姆却能持之以恒，最终发现了“钒”。德国化学家李比希研究海藻时浅尝辄止，未能钻研到底，与新元素“溴”失之交臂；法国化学家波拉德则打破常规，细致钻研，成了“溴”的发现者。这证明，学习不能虎头蛇尾，更不能三分钟热度，否则，只有播种而无收获。

持之以恒要有顽强的毅力。三天打鱼两天晒网，必然一事无成。司马迁写《史记》花了 18 年；左思写《三都赋》花了 10 年；李时珍写《本草纲目》花了 27 年；曹雪芹写《红楼梦》花了 10 年；哥白尼写《天体运行论》花了 30 年；达尔文写《物种起源》花了 22 年；弥尔顿写《失乐园》花了 21 年；伟大的马克思写《资本论》整整花了 40 年。一滴从岩石滴下来的水看起来是微不足道的，然而长年累月地滴，却能创造奇迹。桂林的山洞中有不少长如石柱、蔚为奇观的石钟乳，就是岩石滴水的含有物经历数万年的积累而形成的。许多科学家之所以杰出，其根本的原因在于他们的持之以恒。

在信息化时代，知识极大丰富，互联网大开学习方便之门。可人们的学习精神却大不如前，不愿意下苦功，好高骛远，学识浅薄。只有心无旁骛，埋头苦干，才能做出推动人类进步的杰出贡献。

持之以恒要有耐心。恒指久、常，有耐心。这是做好一件事情的先决条件。奔驰的骏马尽管在开始的时候总是呼啸在前，但在漫漫长路上，最终抵达目的地的，却往往是充满耐心和毅力的骆驼。耐心是一切聪明才智的基础，耐心对人生很重要，我们需要用耐心和毅力去面对无人喝彩，面对社会对我们的熏陶和锤炼，从而成为一个对凡事都充满耐心的人，最终取得成功。

大哲学家苏格拉底的学生曾经请教他：“怎样才能修到精深的学问?”

苏格拉底听后并没有直接作答，只是说：“我向大家倡议做一件最简单也是最容易的事，每个人尽量把胳膊往前后甩，从今天起，每天做三百次，大家能做到吗?”说完，他做了示范动作。

学生们听了都笑了，这么简单的事情有什么做不到的呢？过了一个月，苏格拉底问：“哪些同学坚持了，请举手!”有九成的学生举起了手。

一年后，苏格拉底再次问大家：“请同学们告诉我，最简单的甩手动作，还有哪位坚持了?”这时，整个教室只有一个人举起了手。这个学生就是后来成为古希腊大哲学家的柏拉图。

俗话说："天下无难事，只怕有心人。"意思是说只要下定决心，有恒心、有毅力，那么天底下再难的事也会变得容易了。

持之以恒要有自强不息的精神。恒字，从亘，枕戈待旦。太阳之所以伟大，是因为它燃烧自我，发光发热，永不停息。人生之路充满了荆棘坎坷，遭遇挫折时，要像太阳一样，持之以恒，顽强不息，战胜自我，才能够成就伟大。

1967年夏天，美国跳水运动员乔妮·埃里克森在一次跳水事故中身负重伤，除脖子之外，全身瘫痪。她曾经绝望过，但后来，她开始冷静思索人生的意义和生命的价值。她借来许多介绍前人如何成才的书籍，一本一本认真地读了起来。她虽然双目健全，但读书也是很艰难的，只能靠嘴衔根小竹片去翻书，劳累、疼痛常常迫使她停下来。休息片刻后，她又坚持读下去。大量的阅读，使她终于领悟到："我是残疾了，但许多人残疾之后，却在另外一条道路上获得了成功。他们有的成了作家，有的创造了盲文，有的谱写出美妙的音乐，我为什么不能?"于是，她想到了自己中学时代曾喜欢画画，这位纤弱的姑娘变得坚强起来了。她捡起了中学时代曾经用过的画笔，用嘴衔着，练习画画。

用嘴画画，她的家人感到不可思议。他们纷纷劝阻：“乔妮，别那么死心眼了，哪有用嘴画画的？我们会养活你的。”可是，家人的话反而激起了她学画的决心：“我怎么能让家人一辈子养着我呢?”她更加刻苦地练习，常常累得头晕目眩，有时泪水滴到了画纸上。为了积累素材，她还常常乘车外出，拜访艺术大师。好些年头过去了，乔妮的辛勤劳动没有白费，她的一幅风景油画在一次画展上展出后，得到了美术界的好评。

后来，乔妮又想学文学。她的家人及朋友们又劝她：“乔妮，你的绘画已经很不错了，还学什么文学，那会更苦了你自己的。”她想起一家刊物曾向她约稿，要她谈谈自己学绘画的经过和感受。她下了很大力气去写作，可稿子还是没有写成。这件事对她刺激太大了，她深感自己写作水平差，必须一步一个脚印地去学习。这是一条充满荆棘的路，但她没有灰心，勤奋地学习修辞，阅读大量的文学作品，终于梦想变成了现实。

一个人事业的成功，天赋、学识、环境、机遇都是重要的条件，但更重要的是自身的勤奋与努力。可以说，以虚心、恒心、专心作为“强学之法”，是一个人成长、成功的前提条件和基石。

第五讲　“其数则始乎诵经”：从修道到修能

在介绍了学习的途径和方法以后，荀子提出了学习的内容和顺序。

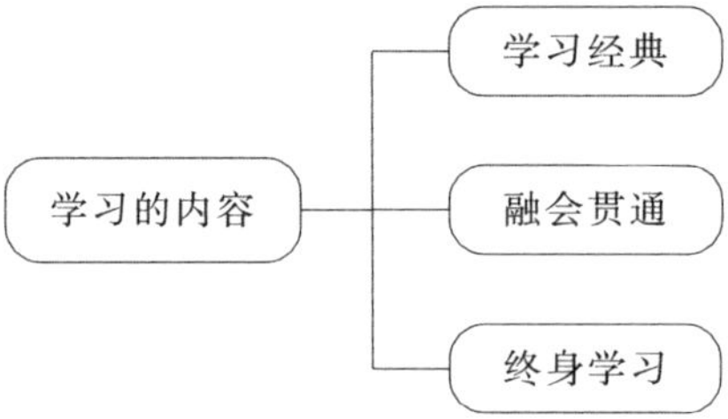

《劝学》说："学恶乎始？恶乎终？曰：其数则始乎诵经，终乎读礼；其义则始乎为士，终乎为圣人。真积力久则入，学至乎没而后止也。故学数有终，若其义则不可须臾舍也。为之，人也；舍之，禽兽也。故《书》者，政事之纪也；《诗》者，中声之所止也；《礼》者，法之大分，类之纲纪也；故学至乎《礼》而止矣！夫是之谓道德之极。《礼》之敬文也，《乐》之中和也，《诗》《书》之博也，《春秋》之微也，在天地之间者毕矣。"

这段话的意思是：学习究竟应从何处入手又从何处结束呢？答曰：学习的方法，应当以诵读经文为起始，以研究礼法为结束。就其意义而言，则以做志士为起始，以成为圣人为目标。真诚力行，这样长期积累，必能深入体会到其中的乐趣，学到死方能后已。所以从学习的方法上说，诵读经典虽有尽头，但从学习的意义上说，以成为圣人为目标，是片刻都不能停止的。毕生好学才成其为人，反之又与禽兽何异？《书》是政事的记录，《诗》是中和之声的极致，《礼》是法律的根本，是万事万物的纲要，所以要学到《礼》才算结束，才算达到道德之顶峰。《礼》敬重文明礼仪，《乐》讲究中正和谐，《诗》《书》博大广阔，《春秋》微言大义，它们将天地间的大学问都囊括其中了。

在这段话里，荀子强调了学习的内容和顺序。

一、学习经典

荀子认为学习要以学习经典作为起点，主要讲了要学“五经”，即《礼记》《乐经》《诗经》《尚书》和《春秋》。从学习的内容看，荀子强调的是先学做人，后学技能，即道德文章，这与孔子的看法是一致的。《论语·学而篇》：“子曰：弟子入则孝，出则弟，谨而信，泛爱众，而亲仁。行有余力，则以学文。”孔子认为要先培养孝悌、谨慎、诚信等品质以后，再去努力地学习书本上的知识，不能本末倒置，以为读书就是一切。孔子的这个看法，在今天仍然有现实意义。有些父母在对子女进行教育时，把分数放在第一位，而往往忽略了品质的教育。只有先做好人，才能做好学问。因此，古代学习的内容有“六艺”：礼、乐、射、御、书、数，其中“礼”排在第一位，也就是把品德教育放在首位。

孔子在《论语·雍也篇》中说：“子曰：‘君子博学于文，约之以礼，亦可以弗畔矣！’”孔子说：“有志成为君子的人，广泛学习文献知识，再以礼来约束自己的行为，这样就不至于离经叛道了。”

人的生命是有限的，读书要博，更要“精”。“精”就是要读经典。“半部《论语》治天下”，读懂、读通经典，会受益无穷。

国学大师饶宗颐在“新视野中华经典文库”《经典之门·文字篇》的序言中说：“‘经’的重要性自不待言。因为它讲的是常道，树立起真理标准，去衡量行为的正确与否，取古典的精华，用笃实的科学理解，使人的生活与自然相协调，使人与人之间的关系臻于和谐的境界。‘经’的内容，不讲空头支票式人类学，而是实际受用有长远教育意义的人智学。”今天，我们为何还要讲经典？我认为有如下几个方面的原因：

首先，学习经典是与真理对话，与圣人对话，与历史对话，与世界对话。经典具有真理性，是登高望远，打开通向世界的大道。唐代魏徵认为，经籍是圣贤智慧的结晶，可以用来领悟宇宙的奥妙，探究天地阴阳的消息，端正世间的纲纪，弘扬人类的道德。

陆游在《万卷楼记》中说：“善学者通一经而足”，意为：善于学习的人当以一种经书为中心，真正读通一种经书，则一通百通。这是陆游著名的治学主张，谈的是读书精与博的辩证关系。读书宜精不宜滥，为了使“一经”达到“精通”的程度，又必须博览，这个“博”并非泛滥无归，而是以约御博，博中有精，紧紧围绕“通”的“一经”去博览。如要读通《诗经》，就必须训诂名物，通古今异音，不能不读《尔雅》；必须明了礼制服饰，不能不读《礼记》；必须清楚《诗经》中引用的历史典故，不能不读《春秋》，如此等等，旁征博引，目的是读通《诗经》。所谓“学不精勤，不如不学”，精通《诗经》之时，也获得丰富而广博的学问，方能“强学博览，足以通古今”。

宋朝开国宰相赵普是一个勤奋好学，而又善于学以致用的人，治国理政得心应手，他最爱读的书就是《论语》，读了一遍又一遍，有人问他："您只读一部《论语》，这是真的吗？"赵普回答："臣平生所知，诚不出此，昔以其半辅太祖定天下，今欲以其半辅陛下致太平。"所以史称赵普以"半部《论语》治天下"。

经典具有不朽的魅力，历久弥新；人的生命输给了时间，而时间则输给了经典；经典穿越了时空，具有恒久的魅力。

其次，经典是我们获得智慧的捷径。经典的文化含量较大，是一流的书。想做一流的人，必须读一流的书。每天投入一点时间读经典，耗时不多，但收获会很大。正如健康食品一样，能够提供更为丰富的能量和营养。为此，用时间和生命去阅读世界上一流的书是最合算的，这其实就是一种"深阅读"。如今，有些人喜欢在网上读一些网络小说和通俗的文章，这其实是一种"浅阅读"，对个人的思想培养、智慧开发并不能带来好处，可以说是浪费时间。

再次，经典是我们向上和进步的动力。文化学者朱永新说，经典能够滋润我们的灵魂，具有鼓舞人不断向上的力量。经典的东西是历史的选择，是大浪淘沙后的美好沉淀。文化学者余秋雨倡导学习要学会仰望：用大部分的精力去读一流的书。他说，在人类历史上，快感是浅层的，美感是深层的。与其选择肤浅的、带来感官快乐的书，不如选择深远的、带来灵魂升华和美感提升的书。

那么，如何读经典呢？冯友兰先生概括为四句话：精其选，解其言，知其意，明其理。我认为，精其选之后，再由博到精、由精到约，也不失为读经典的方法。

第一，精其选。经典，涵盖了经、史、子、集四大部分，其量是巨大的。《劝学》提出了一个最起码、最基本的书单，主要是《诗经》《尚书》《春秋》《礼记》《乐经》《易经》六经。

中国古代的教育讲的经典主要指“六经”：一是《诗经》，是诗歌的第一部经典，有“风”“雅”“颂”三部分；二是《尚书》，这是记言之书，记录了从尧舜时代到东周列国帝王的文告和君臣的谈话；三是《春秋》，这是一部编年史，记录了从鲁隐公到鲁哀公其间242年发生的大事，是记事之书；四是《礼记》，这是记载古代典章制度和礼仪之书；五是《乐经》，是讲述音乐之道之书；六是《易经》，是揭示宇宙、社会、人生奥秘之书。

《淮南子·泰族训》说："五行异气，而皆适调；六艺异科，而皆同道。温惠柔良者，《诗》之风也；淳庞敦厚者，《书》之教也；清明条达者，《易》之义也；恭俭尊让者，《礼》之为也；宽裕简易者，《乐》之化也；刺几辩义者，《春秋》之靡也。故《易》之失鬼，《乐》之失淫，《诗》之失愚，《书》之失拘，《礼》之失忮，《春秋》之失訾 。六者圣人兼用而财制之。失本则乱，得本则治。其美在调，其失在权。"

《淮南子》在这里回答了为什么要学习"六经"，指出水、火、木、金、土五行有不同的气质，但彼此之间能够适宜协调，不同门类的六艺，尽管不同，但它的本质却是一致的。温惠柔良，是《诗经》的风格；淳庞敦厚，是《尚书》的教导；清明条达，是《易经》的要求；恭俭尊让，是《礼记》的修养准则；宽裕简易，是《乐经》的教化；讽讥辩义，是《春秋》的美好旨意。故《易经》的失误是迷信鬼神；《乐经》的失误是渲染逸乐；《诗经》的失误是令人愚昧；《尚书》的失误是过于拘泥旧法；《礼记》的失误是令人嫉妒；《春秋》的失误是使人中伤他人的声誉。这六种情况，圣人会兼备一切而采用精粹，判断其不良的作用。失去六经的根本旨意就会乱事，掌握六经就能得到治理。六经的美好在于能调和各种人际关系，失误在于随便变化和破坏其精神。

《淮南子》在这里指出学习六经的必要性：学习六经是提高人的品德修养，开启智慧的途径，是学习做人的道理，同时也提出了要防止误入歧途。

国学大师马一浮先生曾说：“《诗》《书》是至善，《礼》《乐》是至美，《易》《春秋》是至真。以《易》为自然科学之源，而《春秋》为社会科学之源。”竺可桢认为：“盖《春秋》讲名分，而《易》讲象数。自然科学均以数学为依归，其所量者不外乎数目、数量、时间与空间，故自然科学不能逃于象数之外，其理亦甚明显。”

培根曾经说过：“读史使人明智，读诗使人灵秀，数学使人周密，科学使人深刻，伦理学使人庄重，逻辑修辞使人善辩。”当代人要学习的经典，应包括如下几个方面：

一是读经。除了学习儒家经典以外，我认为读经还要读《道德经》《庄子》《六祖坛经》，这就是说道家和佛家的经典也应有所涉猎。要在读懂《易经》的基础上，贯通儒、佛、道，以儒养性，以佛修心，以道养身，使一个人的身、心、性得到全面的修炼。一个人真正地把《易经》《庄子》《道德经》《六祖坛经》读懂、读通，也不是一件容易的事。

二是学史。历史是人类对过去生活场景最真实的描述。历史是一面镜子，可以以古鉴今。习近平总书记说："历史是最好的教科书，也是最好的清醒剂。"人们可以从史实中体验人生的酸甜苦辣，领略成功的经验和失败的教训。为此，《左传》《史记》和《资治通鉴》等也是必读的史书。

三是文学名著。文学是提高我们思想修养和艺术素质的途径，是生活的教科书。除《楚辞》《诗经》以外，我认为还应读唐诗宋词元曲和明清小说，特别是四大名著。

四是科学名著。科学精神和人文精神是相互交融的。有关天文、地理、植物、生物的书也应一读。我认为像《黄帝内经》《山海经》《天工开物》等也应阅读，其他的经典可以根据自己的兴趣和需要有选择地去学习。

除以上四个方面的经典以外，当然也应读一些与自己所从事的职业相关的专业书籍，以获得相匹配的技能、技术，先学道，后学术，最终成为一个德艺双馨的人。

第二，由博到精。经典的学习应当对中国经典有一个大致的涉猎。开始时可以“泛读”；然后“精读”，也即研读，研读是带着精神高度去读，最好是结合写作去读。

读经典，不同阅历、学养的人，有不同的体会和收获，过去读经典的感悟和今天读经典的感悟是不一样的，读经典要换一个角度去读，要带着目的去研读，这样就能常读常新。如我第一次读《论语》是从孔子对君子人格的论述去读，研究君子和小人在品德、情操、风度和处世方式等方面的差别，写作了《从〈论语〉看君子人格养成》。第二次是从中国音乐美学角度去读，体悟中国音乐美学“和”的核心精神，写作了《〈乐记〉与中国音乐美学》。第三次是从中国传统文化中的志愿服务精神、情操和境界去读，领悟《论语》中仁爱精神、博施济众的道德情操和修己安人的思想境界，写作了《〈论语〉与志愿服务精神》。第四次是从学习之道的角度去读，结合荀子的《劝学》，把《论语》中关于学习的论述做了梳理，寻找《论语》与《劝学》的内在联系，领悟学习的宗旨、内容、途径和方法，从中获益不少。

又如读《红楼梦》，多次读，每次都有新的领悟和收获。第一次读留下深刻印象的是佛学的“空”“无”思想。第一回“甄士隐梦幻识通灵”借空空道人之口唱《好了歌》，要人看破、放下：

世人都晓神仙好，惟有功名忘不了！
古今将相在何方？荒冢一堆草没了。
世人都晓神仙好，只有金银忘不了！
终朝只恨聚无多，及到多时眼闭了。
世人都晓神仙好，只有娇妻忘不了！
君生日日说恩情，君死又随人去了。
世人都晓神仙好，只有儿孙忘不了！
痴心父母古来多，孝顺儿孙谁见了？

《红楼梦》最后有四句诗云：“说到辛酸处，荒唐愈可悲。由来同一梦，休笑世人痴！”人生如梦、如泡、如幻、如影，一切皆空！

第二、三次我是结合写作中国茶道和中国音乐美学去读的，《红楼梦》中有两次集中讲茶道，妙玉煎茶的讲究令人叹服，而黛玉抚琴和妙玉听琴的故事，更是深得真谛。最近，我结合诗词的创作去读，第四十八回“慕雅女雅集苦吟诗”，写香菱学作诗和林黛玉讲如何作诗，是诗歌创作的普及课。小说记载：“黛玉笑道：‘既要学作诗，你就拜我为师。我写不通，大略也还教得起你。’香菱笑道：‘果然这样，我就拜你为师，你可不许腻烦的。’黛玉道：‘什么难事，也值得去学？不过是起承转合，当中承转是两副对子，平声对仄声，虚的对实的，实的对虚的，若是果有了奇句，连平仄虚实不对都使得的。’香菱笑道：‘难怪我常弄一本旧诗偷空儿看一两首，又有对的极工的，又有不对的，又听见说“一三五不论，二四六分明”。看古人的诗上亦有顺的，亦有二四六上错了的，所以天天疑惑。如今听你一说，原来这些格调规矩竟是末事，只要词句新奇为上。’黛玉道：‘正是这个道理，词句究竟还是末事，第一立意要紧。若意趣真了，连词句不用修饰，自是好的，这叫作“不以词害意”。’香菱笑道：‘我只爱陆放翁的诗“重帘不卷留香久，古砚微凹聚墨多”，说的真有趣！’黛玉道：

‘断不可学这样的诗。你们因不知诗，所以见了这浅近的就爱，一入了这个格局，再学不出来的。你只听我说，你若真心要学，我这里有《王摩诘全集》，你且把他的五言律读一百首，细心揣摩透熟了，然后再读一二百首老杜的七言律，次再李青莲的七言绝句读一二百首。肚子里先有了这三个人作了底子，然后再把陶渊明、应玚、谢、阮、庾、鲍等人的一看。你又是一个极聪敏伶俐的人，不用一年的工夫，不愁不是诗翁了！’”在这段记叙中，黛玉讲了写诗的立意、结构、对仗、押韵和学诗的方法，是学习诗词的入门课，让人受益匪浅。

第三，由精到约。经典大多内容丰富，可以领悟的东西很多，假如能够有自己的心得，有独特的见解，能深入地研究，化繁为简，就是进入了“约”的境界。如《易经》，繁杂的内容，其实归结为简约的一个字，就是“变”，正如《易经·系辞上传》所说：“是故形而上者谓之道，形而下者谓之器，化而裁之谓之变，推而行之谓之通，举而措之天下之民，谓之事业。”《易经·系辞下传》说：“《易》，穷则变，变则通，通则久。是以自天佑之，吉无不利。”《易经》的内容很多，但讲的是事物运动变化的规律，在六十四卦中，大多都是两相对应的，即一正一侧称为“综卦”，反映了事物都是对立统一的，而且每一卦都是运动发展和转化的，要求我们“通权达变”，这就是学习的精髓。又如四大名著，《红楼梦》读的是“情”，《三国演义》讲的是“争”，《水浒传》倡导的是“义”，而《西游记》说的是“悟”。这就是进入明其理的境界了。

二、融会贯通

《劝学》说：“百发失一，不足谓善射。千里跬步不至，不足谓善御。伦类不通，仁义不一，不足谓善学。学也者，固学一之也。一出焉，一入焉，涂巷之人也。其善者少，不善者多，桀、纣、盗跖也。全之尽之，然后学者也。”

这段话的意思是：射出的一百支箭中有一支不中靶，就不能算是善射。从千里之外驾驭车马只差半步不到，就不能算是善御。对各类事物不能融会贯通、对仁义不能坚守如一，就不能算是善学。学习本来是件很需要专心致志的事情，学一阵停一阵，那是市井中的普通人。

从善者少，从不善者多，就成了桀、纣、盗跖之流。能够全面彻底地把握所学的知识，才算得上是个学者。

荀子告诉我们，打破障碍、开启智慧的方法是“思索以通之”，即把所学的东西融会贯通，熟记于心。

《论语·公冶长篇》中说：“子谓子贡曰：‘汝与回也孰愈?’对曰：‘赐也，何敢望回！回也闻一以知十，赐也闻一以知二。’子曰：‘弗如也。吾与汝弗如也。’”有一次，孔子对子贡说：“你与颜回，谁比较优秀?”子贡回答说：“我怎么敢与颜回相比！颜回能闻一知十，我只能闻一知二。”孔子很谦虚地说：“是比不上，我与你都比不上。”触类旁通，其实就是一个悟的过程，也是一个联想的过程，在这个过程中通晓真理、真实和真相。

我国近代的大学问家梁启超写过《读书法》，指出学习要掌握三个步骤，即鸟瞰、解剖、会通，做到这三步就可以轻松读透天下书。其中鸟瞰，我们可以理解为泛读的一种，就是粗略地读，或者说是几段几段地粗读，几页几页地翻阅，快速地把书翻看结束。

所谓解剖，梁启超认为：“极陈旧的极麻烦的，然而实在是极必要的。”在读书的时候摘抄或者记笔记就是看起来极麻烦，却又是极必要的方法。许多人会羡慕那些文豪大家旁征博引的能力，殊不知他们都是靠一字一句做笔记积累而得来的。

会通是融会贯通，由内到外、由此及彼，将书全面彻底了解。读书的最终目的是产出自己的知识，提升自己的能力。通过总结，回顾整本书的核心观念，考验自己对所学知识的掌握程度。

融会贯通是开启智慧的窍门。“通”有相通、融通的意思。世上万事万物都不是孤立的，而是互相联系的，我们在学习、做事、思考问题时，也要注意事物之间互相的联系。注意到这一点，我们学习、做事才能触类旁通。

借鉴、联想、融合、会通是一种思维方式，可以使人变得聪明和智慧。《周易》：“引而伸之，触类而长之，天下之能事毕矣。”意思是，由某件事或某种思想推演到其他有关的意义，并进一步加以发挥；掌握一类事物知识或规律，就能据此而增长同类事物知识，这样天下所有的事情也都能理解了。

鲁班是春秋时的能工巧匠。他有许多发明创造，传说中国第一把锯子和第一只小木船就是他发明创造的。有一次，鲁班承造一座大宫殿。在古代，要造一座大宫殿，需要用很多很多的木材。鲁班派了许多徒弟上山去砍伐大树。当时砍树全靠斧子，一斧头一斧头地砍，砍倒一棵大树要花几个小时，因此，木材总是供应不上。鲁班心急如焚，决定亲自上山去看看。山高崖陡，上山时除了要用脚蹬，还要用手抓住树根、草藤，才能攀上去。鲁班攀崖时，抓住一株丝茅草，用力一拽，手被划破了一个小口子，鲜血直流。鲁班很惊奇，一株小草为什么会那么厉害？他一时想不出个道理来。回家的路上，他拔下了一株丝茅草。到家以后，他左看右瞧，仔细端详。秘密终于被发现了。原来丝茅草的两边有许多小细齿，这些小细齿非常锋利。鲁班恍然大悟，想：如果像丝茅草那样，制成有齿的铁片，不就可以锯树了吗？鲁班把自己的想法告诉给铁匠，并和铁匠一起研究试制。试制成功以后，就拿到山上去试验，果然伐树的效率大大提高了，木材供应不上的困难解决了。这就是我国第一把锯子诞生的经过。

鲁班能够根据小草轻而易举划破手指推而思之，发明了锯子，足见触类旁通的价值。朱熹曾说“举一而三反，闻一而知十，乃学者用功之深、穷理之熟；然后能融会贯通，以至于此”。（《朱子全书》）意思是，提到一个方面，就可以类推三个方面；听到一种情况，就可以推知十种情况，是学的人功夫深、精通道理的缘故。因此，一个人要想推开事业的大门，必须学习和实践，但绝不能思维僵化，不能盲从，要敢于质疑，懂得触类旁通，学以致用。如若一味抱残守缺，拘泥于固有知识、经验，就不会有什么创见。

融会贯通要善于运用多学科知识，哲学、文学、史学、美学以及自然科学，通过新的融合，可以产生一门新的学科。每一门学科既有不同的一面，又有相通的一面，取长补短，博采众长，就可以开阔视野，从而创立新的学派。

融会贯通，要落实在“通”字上，如以古鉴今、融合中西都是“通”的做法。《易经》的学习和研究，有“数派”，有“理派”，有“象派”，但它们之间是有联系的，将它们结合起来研究，这样才能真正达到“通”的境界。

三、终身学习

荀子认为学习要落实在修能上，学习虽然是有阶段性的，但在青年阶段获得了一定的学历以后，并不意味着学习就结束了。他说“真积力久则入，学至乎没而后止也”。他认为学习要到人的生命结束以后才能停止，这就是今天我们所说的终身学习的理念。

当代科技的发展日新月异，知识更新换代加快，联合国教科文组织曾经做过一项研究，结论是：信息通信技术带来了人类知识更新速度的加快。在18世纪时，知识更新周期为80~90年；19世纪到20世纪初，缩短为30年；20世纪60—70年代，一般学科的知识更新周期为5~10年；而到了20世纪80—90年代，许多学科的知识更新周期缩短为5年；进入21世纪时，许多学科的知识更新周期已缩短至2~3年。

今天，我们处于知识经济时代，知识、智慧、创意成为经济发展的核心要素、最重要的资源和核心竞争力。产业的发展方向，从主要依靠资源、劳力和体力，转变为主要依靠信念、智力、科技，引领“智慧产业”的互联网、人工智能、物联网、大数据，打开了“智慧创造”的大门，人类从拼体力的“勤劳时代”进入了拼脑力的“智慧时代”，“终身学习是21世纪的生存理念”得到了国际社会的广泛认可，人们再也不能一劳永逸地获取知识，而是必须终身学习以“学会生存”“学会发展”，使学习成为创新发展的动力源。

过去，我们在大学中学到的知识，走上社会后能用上的并不多。大学主要是提供基础知识的学习，重在思维方式的训练，为此，学历并不等同于能力。我们要避免“本领恐慌”，就要终身学习。西汉学者刘向在《说苑》中说：“少而好学，如日出之阳；壮而好学，如日中之光；老而好学，如炳烛之明。”清代学者张潮在《幽梦影》中说：“少年读书，如隙中窥月；中年读书，如庭中望月；老年读书，如台上玩月。皆以阅历之浅深，为所得之浅深耳。”随着人生阅历的增长，每个人对经典的体悟是不一样的，年老之后的学习可能会更深刻、更有益。

终身学习要精读经典，这种学习看似无用，实是大用，在经典中吸收精神营养可以融注于我们的血脉之中，改变一个人的气质，开阔我们的视野，对于工作、生活和人生都大有益处，终身学习关键是要用好业余时间，人与人之间差距的拉开完全取决于对业余时间的使用，适当地娱乐和运动是可以的，但假如业余时间都用于应酬、聊天、闲读，则是极大的浪费，为此，应珍惜业余时间，选择适合自己的兴趣和爱好，学一门专长，读几本经典，这才不虚度年华，不辜负光阴。

第六讲　“君子贵其全”：能定、能应、成人

《劝学》的最后一部分，是全文的一个总括，指出了学习的终极目的和最高境界，就是开发人的生命潜能，实现人的全部价值，达到学之全、学之粹，实现人格全面发展。

《劝学》说："君子知夫不全不粹之不足以为美也，故诵数以贯之，思索以通之，为其人以处之，除其害者以持养之。使目非是无欲见也，使耳非是无欲闻也，使口非是无欲言也，使心非是无欲虑也。及至其致好之也，目好之五色，耳好之五声，口好之五味，心利之有天下。是故权利不能倾也，群众不能移也，天下不能荡也。生乎由是，死乎由是，夫是之谓德操。德操然后能定，能定然后能应。能定能应，夫是之谓成人。天见其明，地见其光，君子贵其全也。"

这段话的意思是：君子知道学得不全不精，就不算是完美，所以诵读经典以求融会贯通其大义，思索以求其精旨，设身处地，以古人所做的事情为楷模，而求其所处之法，根除一切害道之事，以保持学之所得。使眼非所学不想看，耳非所学不想听，嘴非所学不想说，心非所学不愿思虑。等达到完全醉心于学习的理想境地，就如同眼好五色，耳好五声，口好五味那样，一心为天下着想。因此权力和利益不能打动他，众人不能改变他，天下之大也不足以动摇他的心志。活着如此，到死也不变，这就叫作有德行、有操守。有德行和操守，就有定力，有定力才能应变外来事物。内有定，外能应，才可称为全人。天之所贵在其大，地之所贵在其广，君子所贵就在其全啊。

荀子在这里提出了学习要达到完全、精粹的完美境界，以“定”和“应”为途径，学习天地之德行，成为一个完美无缺的人。可以说这是学习的三大境界。

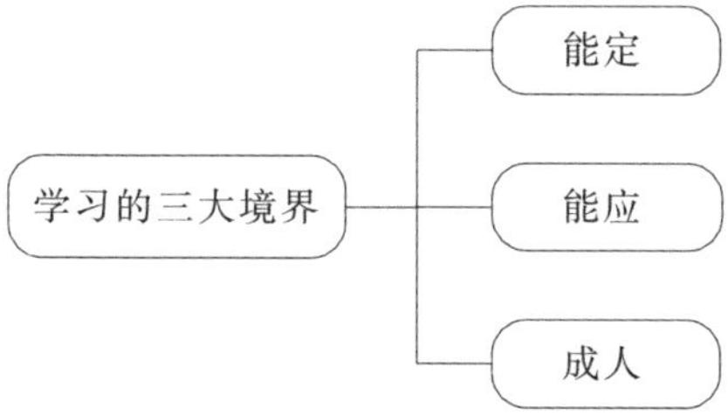

一、德操然后能定

良好的德行和操守是“定”的前提和基础。荀子认为人都有对“五色”“五声”“五味”的欲望，权力和利益对人有很大的诱惑力，正如司马迁所说的："天下熙熙，皆为利来；天下攘攘，皆为利往。"过分地追求物质享受和权力利益，会使人容易躁动、焦虑、浮躁，给一个人德行的修炼、操守的坚持带来障碍，为此，要做学问，先要做人，真正的学者都是德才兼备的。

荀子认为"定"是学习的基础要求，他描述说："是故权利不能倾也，群众不能移也，天下不能荡也。"

那么，怎样进入"定"的境界呢？

第一，要心定。只有心定才能处之泰然、安详、平和。这就是自己有一个明确的人生目标和方向，知道自己从哪里来、要到哪里去。一个人没有生活目标和职业理想，就会心如无根的浮萍随波逐流，到处飘荡，这就是心灵的漂泊，这种情况在许多人的身上都可以看到。有的人已经活到四五十岁，问他人生的目标是什么，却回答不出来。这种人只为"活着"，也可以说这是"白活着"。一个人必须根据自己的兴趣、爱好、特长，选择自己的人生目的、道路，积极、主动地去学习，坚定不移地走下去，一步一个脚印，努力地实现理想，创造有意义的人生。

第二，要志定。这就是要意志坚定，心态淡定，用定力抵御来自各方面的诱惑。特别是不为权力和私欲所左右。古代有些人把学习当作获得功名利禄的敲门砖，这种学习带有很强的功利性，一旦以此为目标，就会把学习当作苦役，这是曲解了学习与功名利禄的关系，与“以身发财”类似。学习要读“有用”的书，也要读“无用”的书，主要还是修身养德，充实精神，这样才能达到一定的境界。学习研究是一门“慢功夫”，是厚积之后的薄发，不能急功近利，要有顽强的意志，日积月累，必有所得。

第三，要识定。要有独立的精神、独立的思考和独立的人格。一个人选择了做学问的方向、专业，就要坚定不移地走下去，不为他人的议论所干扰。在这个世界上，每一个人站的角度不同，拥有的世界观、方法论不同，学问不同，看法也是千差万别的，别人的看法可以作为借鉴，但不能奉为金科玉律，即使是权威人士的观点也是如此。

在人生的道路上，我们专注于某一事业，往往会受到来自外界的干扰。有泼冷水的，有挑刺的，有冷嘲热讽的，还有刁难、阻挠的，如果太在乎这些说三道四的人的声音，必然一事无成。有这样一则寓言：一群青蛙进行比赛，看谁先到达一座高塔的顶端。比赛开始了，围观者一片嘘声："太难为它们了！它们是无法达到目标的!"有些青蛙开始泄气，可是还有一些青蛙奋力向上爬。围观的青蛙继续喊着："太辛苦了，你们不可能到达塔顶的。"这样，剩下的青蛙都泄气了，停了下来，只有一只青蛙一如既往地继续向前，最后到达终点。这时，大家才发现——它是一只聋青蛙。在人生前进的路上，你会听到各种千奇百怪的声音，假如自我怀疑继而自我否定，最终会夭折在各种聒噪之中，正确的办法是"走自己的路，让别人说去吧!"

二、能定然后能应

荀子认为学习的最终归宿是"能定然后能应"，即学以致用，能应天下之事；温故而知新，活学活用，达到自在的境界。

《论语·学而篇》说："吾日三省吾身：为人谋而不忠乎？与朋友交而不信乎？传不习乎?""三省吾身"其中之一，就是自我检查、自我反省老师传授的为人之道和知识技能等是否有练习，是否付诸实践。

在现实生活中，常有"高分低能"的人，能说而不会做。俗话说，“知易行难”，实践能力应是学习的落脚点。宋代诗人陆游在《冬夜读书示子聿》中说：“古人学问无遗力，少壮工夫老始成。纸上得来终觉浅，绝知此事要躬行。”陆游身在山阴，寒冬寂夜，忽然想起家中的小儿子陆聿，教导儿子要身体力行，践行“绝知此事要躬行”的为学之道。

那么，如何做到“能应”呢？

第一，提高洞察力。人的洞察力建立在观察的基础之上，正如《心经》所说，人的洞察力，用耳、目、鼻、触去感知，用“心”去感悟，从而洞察秋毫，回归本真。

首先，洞察力是透过现象看本质。事物的本质往往蕴藏在现象的背后。古罗马皇帝奥勒留说：我们听到的一切都是一个观点，不是事实；我们看到的一切，都是一个视角，不是真相，事实不等于真相。只有从现象中找到本质的东西，才是深刻。《韩非子·喻老》记载：“昔者纣为象箸，而箕子怖。”讲了这样一个故事：贵为一国之君的纣王让人做了一双象牙筷子，身为三贤之一的太师箕子感到担忧，因为箕子从这一现象中看到了纣王追求享乐的本质。箕子说，大王用了象牙筷子，以后肯定觉得瓷碗不相配，要配玉碗，玉碗肯定不能用于盛粗茶淡饭，而应盛山珍海味；吃了山珍海味就不能穿粗布蓑衣，住茅草陋屋，而要锦衣华车，琼楼玉宇……箕子“畏其卒，怖其始”，从一双象牙筷子看到了纣王欲壑难填，为殷商王朝的前途命运感到担忧。果然，纣王沉溺于歌舞升平和肉林酒池之中，一发不可收拾，导致商王朝走向了灭亡。

其次，洞察力要从局部看到全面。局部的现象往往是一种苗头，这种苗头如果不及时地预防，把隐患消灭在萌芽状态，必然会蔓延成为一种全局性的东西。这就是“星星之火，可以燎原”。

再次，洞察力是善于以古鉴今，以近知远。俗话说，“以史为镜，可以知兴替”。历史是一面镜子，其中成功的经验和失败的教训，可以为今天提供借鉴。同时，我们也可以从今天一个人的工作态度和勤勉程度看到他的未来。

良好的洞察力，是平时处处留心、认真观察的结果。俗话说：“处处留心皆学问，勤察深思出真知。”

第二，提高领悟力。“悟”字，从心，从吾。从心，表示与人的心理、心境有关；从吾，指我。《说文解字》：“悟，觉也。”本义为醒悟、觉悟。

“悟”为我心而悟，我心而觉。悟，首先是觉悟，解释了人的认识过程，即由迷惑而庆幸，由模糊而清楚，由错误到正确的认识过程。所以有成语“恍然大悟”“幡然醒悟”“大彻大悟”“心领神悟”“一闻千悟”等。儒、释、道三家都很重视悟，儒家强调通过自我反省达到“天人合一”，道家强调养生修道以返璞归真、顺应自然，佛家则主张自悟、自解、自度以参悟成佛。在禅宗中，悟就是断惑证真，觉知真如即是“悟”，不觉即是“迷”。《六祖坛经》讲：“自性迷即是众生，自性悟即是佛。”开悟是成佛的标志。在芸芸众生中，执迷不悟的大有人在。那么，如何提高自己的领悟力呢？

首先，领悟要从心出发。悟是一种心境，是一种智慧的超越，是一种灵魂的升华。悟，从心，表示悟是一种心灵的修炼，是人的心态、心境的改变。心中觉悟，处处通达；心中无悟，修行无用。

一个青年背着大包裹千里迢迢跑来找无际大师，他说：“大师，我是那样孤独、痛苦和寂寞，长期跋涉使我疲倦至极；我的鞋子破了，荆棘割破双脚；手也受伤了，流血不止；嗓子因为长久呼喊而嘶哑……为什么我还不能找到心中的阳光?”大师问：“你的大包裹里装的是什么?”青年说：“它对我可重要了。里面是我每一次跌倒时的痛苦，每一次受伤后的哭泣，每一次孤寂时的烦恼……靠着它，我才能走到您这儿来。”于是，无际大师带青年来到河边，他们坐船过了河。上岸后，大师说：“你扛着船赶路吧!”“什么，扛着船赶路?”青年很惊讶，“它那么沉，我扛得动吗?”“是的，孩子，你扛不动它。”大师微微一笑，说：“过河时，船是有用的。但过了河，我们就要放下船赶路。否则，它会变成我们的包袱。孩子，生命不能太负重。”青年顿悟，他放下包袱，继续赶路，果然发觉自己的步子轻松而愉悦，比以前快多了。原来，生命是可以不必如此沉重的。

悟，从心。从心里放下才是真的放下，从里到外地解放自己，生命之路才能轻松。

其次，领悟要心我合一。悟，从吾；吾，指我。悟是“我”的感悟，“我”的醒悟。“悟”强调我心而悟，意在明心见性，发现自我，用心去体察，省悟自身。古代禅师认为生的最高境界是体认自性，超越生死。

古人称精通行军作战为“智”，称清心净虑、自然率性为“禅”。心和我犹如镜子的两面，心我合一发现本心才是悟。《西游记》里的乌巢禅师写了一首诗：

佛在灵山莫远求，灵山只在汝心头。
人人有个灵山塔，好去灵山塔下修。

人之所以有无穷的烦恼，是因为找不到心灵中的自己。东晋末年的大文学家陶渊明，耻于同流合污，不愿为五斗米折腰，愤然辞官归田，写下了著名的《归去来兮辞》。文中写道：“悟已往之不谏，知来者之可追。”意思是说领悟到过去出仕做官的错误已不能改正，但现在辞官而归还不算晚。陶渊明发现自己的本性，做官并不能让他快乐。因此，他决定辞官归家，这就是一种醒悟。在现实生活中，背离本心的职业、婚姻可以说比比皆是，这正是当下许多人觉得幸福指数不高的一个因素。有的人为生存而屈就职业；有的人为了众人的目光而奔波；有的人为了他人而活着，对于心中的真我去哪里一片茫然。其实，揭去，用心看“我”，就是“悟”。

悟是渐顿结合。每一个人的天性慧根是有差别的，即根器各异，人的觉悟也有快慢之别。因此，悟有两种基本的途径，一种叫“渐悟”，这是指对佛性境界的领悟是一点一点、一级一级渐进式的，有如爬楼梯，一步一个脚印，慢慢地爬上去。这种悟虽然慢一点，但扎实，是厚积薄发，积累到一定的阶段，时机成熟就觉悟了。《华严经》将菩萨修学阶梯分为七段：十信、十住、十行、十回向、十地、等觉、妙觉。另一种叫“顿悟”，是灵感创造性思维的凸现，是从潜意识中突然爆发出来的思维飞跃。禅宗五祖弘忍门下有南北分途，即南顿北渐。“渐悟”，就是通过坐禅、诵经来凝心、摄心，摒弃世俗的影响和烦恼，认识和保持“心性本净”，以求内心解脱。后世南宗风行天下，习禅者以为禅宗法门不需坐禅，只需于一机一境上骤然悟得，就可以得道了。“顿悟”，认为“心就是佛”，人要觉悟佛性，用不着读佛经，只要直指人心，明心见性就行了。神秀以渐悟立宗，在北方提倡勤修苦学的学风，使北方的佛学朴实精进。慧能在南方以顿悟开山，明心见性，直指人心，使禅宗有点玄妙。渐悟、顿悟本来就不是两个对立面。没有渐悟的基础，无法获得顿悟。不承认渐悟的顿悟，只能是一种妄悟了。我们要获得豁然贯通的顿悟，必须有日积月累的渐悟。唐代诗人杜甫说得好：“读书破万卷，下笔如有神。”顿悟这种创造性的思维，是“得之在俄顷，积之在平日”。不论是渐悟还是顿悟，都追求心明如镜。这也是禅定的最高境界。

“渐悟”和“顿悟”是有区别的。“渐悟”用智去领悟，“顿悟”用慧去领悟。由此，“悟”有小悟、大悟和彻悟三个不同的层次。

“小悟”是一种小聪明。清朝的时候，苏州有一个姓蔡的县官和郑板桥是好朋友，有一次他俩在大街上散步，忽然看到一户人家的门上贴着一副奇特的对联。只见上联是“二三四五”，下联是“六七八九”。蔡县官正感纳闷，不知何意，却见郑板桥独自走了。等了一会儿，只见郑板桥扛了一袋米、一包衣服，匆匆地赶来。他们敲开了门，给屋主送来衣和米。原来，屋主是一介穷书生，正因又冷又饿而发愁。蔡县官问郑板桥：“是谁告诉你他需要衣服和粮食的?”郑板桥回答说：“他的对联告诉我，上联缺‘一’（衣），下联缺‘十’（食）。”可见郑板桥的领悟力远远高于蔡县官。

“大悟”是改过自新。这是孔子说的“吾日三省吾身”，在每天的反省中进行检讨，知道自己有何不足、失误，寻找原因，并加以改正，在摔跤的地方站起来，跨越过去。

“彻悟”是看透了生死，自由自在，是人的心灵已经不会受到功名利禄的束缚，随心所欲，无所羁绊。下面的故事就是一种“彻悟”：

古镇的老街上有一铁匠铺，铺里住着一位老铁匠。由于没人再需要定制铁器，他在铺里改卖铁锅、斧头和拴小狗的链子。人坐在门内，货物摆在门外，不吆喝，不还价，晚上也不收摊。

生意虽平平，但每天的收入也够他吃饭和喝茶，生活过得怡然自得。老铁匠每天乐呵呵地躺在竹椅上，一边听收音机，一边用精致的紫砂壶喝茶。

一天，一位文物商人从老街上经过，偶然看到老铁匠身旁的那把紫砂壶，仔细鉴赏之后，认定此乃清代一位名家亲手所作。商人惊喜不已，出价十万元想买下它。老铁匠先是一惊，后又拒绝了，因为这把壶是他爷爷留下的，他们祖孙三代都是喝这把壶里的水长大的。

壶虽没卖，但商人走后，老铁匠有生以来第一次失眠了。这把壶他用了近六十年，并且一直以为是把普普通通的壶，现在竟有人要以十万元的价钱买下它？

过去他躺在椅子上喝水，都是闭着眼睛把壶放在小桌上，现在只要听到响声，他就要坐起来看壶是否还安在。这让他神经紧张起来。更难以容忍的是，当镇上的人知道他有一把昂贵的古董茶壶后，纷纷上门索问还有没有其他的宝贝，有的甚至开始向他借钱，更有甚者悄悄潜入门来“寻宝”。老铁匠的生活被彻底打乱了。

当那位文物商人带着二十万元现金第二次登门的时候，老铁匠再也坐不住了。他招来众邻居，拿起铁锤，当着众人的面把那把紫砂壶砸碎了。

接下来，日子渐渐恢复平静，老铁匠依旧在卖铁锅、斧头和拴小狗的链子。每天躺在竹椅上，听着收音机，换了一个搪瓷杯喝着茶水，他活过了一百岁。

这个故事，让人意想不到的莫过于老铁匠举起铁锤的那一砸，随后撒落一地的，不只是一堆碎片，也不只是一沓钞票，更有无尽的欲望、贪婪和痴迷。

俗话说，“知足者常乐”，能守住平静方能守住快乐。不畏浮云遮望眼，平平淡淡度余生。老铁匠的这一砸，其实是人生的大彻大悟，砸断了名利的缰绳，重新回归了平静和安宁！

第三，提高创造力。学习的最大功用是提高创造力，如果照本宣科，照搬照套，按部就班，那么，就是学会一堆“死”的知识，无用的知识，也就是通常所说的“读死书”。爱因斯坦说：“想象力比知识更重要。”假如一个社会没有能独立思考和独立创造的人，这个社会是停滞不前的。创造力也是创新力，是一个民族进步的灵魂，也是一个国家兴旺发达的不竭动力。创造力包括创造意识、创造思维和创新技能。有的人认为创造力是天才的专利，其实不然。每个人只要兴趣广泛，勤于思考，善于组合，就能激发自己的创造性思维，把想象的事物变为现实。接下来，让我们看看下面两个故事：

第一个是关于摩斯密码的故事。有个叫摩尔斯的画家，在坐轮船旅行的时候，和一位物理学家学了点儿电磁学知识，在和船员聊天的时候，知道了他们很怕风浪大的天气。

他就开始琢磨，怎么能让船员提前知道天气信息呢？他突然想到，既然电波传播速度快，那么能不能用电进行传播呢？

于是他放弃了绘画，学了五年的电磁学知识，最终发明了电报和摩斯密码。摩尔斯能取得这样的成就，开始是因为一个很微小、很粗糙的想法，他把这个微小的想法付诸实践，终于获得了成功。

第二个是关于文学大师纳博科夫的故事。纳博科夫是20世纪一位伟大的文学家，他有个习惯，喜欢在卡片上写东西。因为卡片随身带着很方便，无论在哪，只要有了灵感，就能随时记下来。

纳博科夫一生中积累了很多这种卡片，在创作小说的时候，他就把这些卡片上的内容混搭，随意组合，所以他小说的结构都非常精巧。这告诉我们，不仅要重视每个微小的想法，而且要重视积累和记录。

这两个故事给我们有所启示：创造力是求异思维，要敢于“偏离惯常轨道”。就是说我们的大脑在接触一个东西的时候，就像在沙滩上滚铁球，第一个铁球会在沙滩上留下一个轨迹，第二个也会沿着这个轨迹滚过去，第三个也一样，时间一长，大脑就形成了固定的思维模式。

那么怎样才能打破这个固定的思维模式呢？

首先是汇集“异质元素”，就是把不同事物联结起来。比如看书的时候，你可以跨学科交叉着看，学习一些不同领域的技能，这也是我们通常所说的“杂交优势”，许多交叉学科都是这样产生的，把不同的东西组合起来，就会产生一种新的东西。

其次是培养协作能力。创造力与个人的智力有关系，但也有非智力因素。其中个性品质中的协作特征也影响了整体的创造力。

有人对诺贝尔奖获得者的工作态度与方式进行了全面分析，发现在 1901 年到 1972 年期间的 286 位获奖者中，近三分之一的人是因为与他人合作而获奖。相比之下，未获奖的科学家中，只有很少的人与别人进行积极的合作。这个结果显示，与别人一起工作可以增强创造力。有一个基本的事实就是，现代科学的发展已经让任何一个人都无法在一生当中涉足科学技术的各个方面。要想在现有的科学技术的基础上有所创造，就必须学会与别人进行“信息共享”。由此看来，人的创造力既是一种个性化的品质，也是一种社会化的特征。人必须具有乐观、豁达、开朗的性格，善于与人相处，在一个有竞争的集体中工作，才能够在合作中进行创造。

三、君子贵其全

经过定、应这两个环节以后，荀子提出了“贵其全”的境界。“贵其全”就是德、智、体、美、劳的全面发展。“贵其全”，主要是得有健全的德商、智商和情商。今天，人们对于“德商”的培育、“智商”的开发还是比较重视的，而“情商”的培养却为人们所忽视。正是由于忽视这一个问题，有不少人存在心理的焦虑、忧虑，有的发展成为抑郁症，有的甚至走上了自虐、自杀的不归路。

其实，情商比智商更重要。一个人的成功，智商的作用占 20%，而情商却占 80%。情商才是成功的真正主宰者。

情商也称情绪力，是一个人心理素质和对情绪的管理能力，主要指人的心态和人在情绪、情感、意志和抗挫等方面的品质。研究表明，情绪是人类做出某种反应的深层驱动力。积极的情绪能引导人们乐观向上，对生活进行探索和思考，而消极的情绪则会起阻碍作用。情商高的人，充满自爱、自信、自立，热情洋溢地学习、工作和生活，胜不骄，败不馁，不断地奋进，从而走向成功。

提高情商要培养淡泊、超脱、平和的心态。在乐观、自信和热爱生活的前提下，要无欲无求、无忧无虑地生活。特别是处于老年阶段的人，要学会“极简”的生活方式，像老子所说：“为道日损，损之又损，以至于无为。”把多余的东西舍弃，把原来背负的东西放下，选择适合自己的生活，风轻云淡，一切淡然，放飞自己的心灵。

提高情商要善于管理自己的情绪。由于每个人的性格不一样，情绪的表现也有差别，这就要针对自己的性格特征，有意识地加以调节，加强对情绪的管理。《黄帝内经·灵枢·本神》：“是故怵惕思虑者则伤神，神伤则恐惧流淫而不止。因悲哀动中者，竭绝而失生。喜乐者，神惮散而不藏。愁忧者，气闭塞而不行。盛怒者，迷惑而不治。恐惧者，神荡惮而不收。”意思是说：过度的恐惧、惊骇、忧愁、思虑，就会损伤心神，损伤心神就会恐惧，使五脏的精气流失不止。悲伤如果过度，就会导致脉络断绝，元气耗竭而死亡。喜乐如果过度，就会使神气涣散而不能归藏于心。忧愁如果过度，就会使气机闭塞不通。盛怒的人，会神智蒙蔽而失去常态。恐惧的人，会神气消散流荡而无法收敛。好的情绪就是心平气和，对悲哀、喜乐、忧愁、愤怒、恐惧都能加以控制。

提高情商要善于识别他人和处理人际关系。古代要求处理好“五伦”的关系。当代人在家庭中要处理好夫妻关系、亲子关系，在工作中要处理好和领导及同事之间的关系，在社会中则要处理好朋友和邻里关系等，处理好人际关系也是一门学问。要学会识人，善于察言观色，善于听出话外之音，善于说话，提高沟通能力；同时，也要学会换位思考，乐于成人之美，在自助中助人，用良好的人际关系，营造团结协作的工作氛围，为事业的发展创造良好和谐的环境。

提高情商还要认清自己、激励自己等，这里就不细说了。

最后，我用荀子的这句话作为本书的小结：“天见其明，地见其光，君子贵其全也。”一个人只有爱学习、善学习，才能彰显天的光明、地的博大，做一个完美的君子！

附录　《劝学》原文及译文

原文

君子曰：学不可以已。青，取之于蓝，而青于蓝；冰，水为之，而寒于水。木直中绳，輮以为轮，其曲中规，虽有槁暴，不复挺者，輮使之然也。故木受绳则直，金就砺则利，君子博学而日参省乎己，则知明而行无过矣。

译文

君子说：学习是不可以停止的。靛青是从蓼蓝里提取的，却比蓼蓝的颜色更深；冰由水凝结而成，却比水更寒冷。笔直的木材合乎墨线的要求，如果把它煨烤，就可以弯成车轮，弯曲的程度能够合乎圆的标准了，这样即使再曝晒，木材也不会再变直，原因就在于被加工过了。所以，木材经过墨线量过才能取直，刀剑经过磨砺就变得锋利，君子广泛地学习并且每天反省自己，就会聪明有智慧，行为就没有过错了。

原文

故不登高山，不知天之高也；不临深溪，不知地之厚也；不闻先王之遗言，不知学问之大也。干、越、夷、貉之子，生而同声，长而异俗，教使之然也。

《诗》曰：“嗟尔君子，无恒安息。靖共尔位，好是正直。神之听之，介尔景福。”神莫大于化道，福莫长于无祸。

译文

所以，不登上高山，就不知道天有多高；不亲临深渊，就不知道地有多厚；没有听到前代圣明帝王的遗言，就不知道学问有多么渊博。干、越、夷、貉人的孩子，刚生下来啼哭的声音是一样的，长大后风俗习惯却不相同，是教育使他们如此的。

《诗经》上说：“君子啊，不要老是想着安逸。恭谨地对待你的本职，爱好正直的德行。神明听到这一切，就会赐给你巨大的福气。”精神修养没有比受道教化更大的了，福分没有比无灾无祸更长远的了。

原文

吾尝终日而思矣，不如须臾之所学也；吾尝跂而望矣，不如登高之博见也。登高而招，臂非加长也，而见者远；顺风而呼，声非加疾也，而闻者彰。假舆马者，非利足也，而致千里；假舟楫者，非能水也，而绝江河。君子生非异也，善假于物也。

译文

我曾经整天思索，却不如片刻学到的知识多；我曾经踮起脚远望，却不如登到高处看得广阔。登到高处招手，手臂并没有加长，远处的人却看得到；顺着风呼叫，声音并没有加大，闻者却听得很清楚。借助车马的人，并不是走得快，却可以到达千里之外；借助舟船的人，并不是善于游泳，却可以横渡江河。君子的资质秉性跟一般人没什么不同，只是善于借助外物罢了。

原文

南方有鸟焉，名曰蒙鸠，以羽为巢，而编之以发，系之苇苕。风至苕折，卵破子死。巢非不完也，所系者然也。西方有木焉，名曰射干，茎长四寸，生于高山之上，而临百仞之渊。木茎非能长也，所立者然也。蓬生麻中，不扶而直；白沙在涅，与之俱黑。兰槐之根是为芷，其渐之滫，君子不近，庶人不服，其质非不美也，所渐者然也。故君子居必择乡，游必就士，所以防邪辟而近中正也。

译文

南方有一种鸟，名叫蒙鸠，它用自己的羽毛做巢，又用毛发细细编织，系于芦苇之上。大风一吹，芦秆折断，鸟蛋摔破了，幼鸟也摔死了。这并不是因为鸟巢做得不完美，而是不该系在芦苇上面。西方有一种草，名叫射干，它的茎长四寸，生长在高山上，俯临着百丈深渊。之所以如此，不是因为它的茎长，而是它所生长的地势高。蓬草生长在麻地之中，不用扶持自然就能长直；白沙混杂在黑泥中，自然也会和它一起变黑。兰槐的根叫白芷，如果用酸臭的脏水浸泡它，君子不愿意接近它，普通人也不会佩戴它，这并不是因为它本身不香，而是被浸泡臭了。因此，君子定居时一定要选择乡邻，出游时一定要亲近有品学之士，这是防止自己沾染邪恶的东西而接近中正之道。

原文

物类之起，必有所始。荣辱之来，必象其德。肉腐出虫，鱼枯生蠹。怠慢忘身，祸灾乃作。强自取柱，柔自取束。邪秽在身，怨之所构。施薪若一，火就燥也；平地若一，水就湿也。草木畴生，禽兽群焉，物各从其类也。是故质的张而弓矢至焉，林木茂而斧斤至焉，树成荫而众鸟息焉，醯酸而蜹聚焉。故言有招祸也，行有招辱也，君子慎其所立乎！

译文

各种事物的兴起，一定有它的根源。荣耀和屈辱的到来，一定与人的思想品德相应。肉腐烂后就会生蛆，鱼枯死后就会生虫。懈怠散漫，忘乎所以，灾祸就会发生。刚强自取摧折，柔弱自取束缚。自己身上有邪恶污秽的东西，必然会招致怨恨。同样是柴草放在地上，火必然先烧那些干燥的；同样是平地，水必然往潮湿低洼处流。草和树按类生长，禽兽合群活动，世间万物大都各从其类。因此，箭靶一张设，弓箭就会射来；林木长得茂盛，就会招来斧头的砍伐；树林成荫，鸟雀就会栖居其上；醋变质后，蚊虫就会聚生其中。所以言语有时会招来祸患，行为有时会招致侮辱，君子要小心自己的立身行事啊！

原文

积土成山，风雨兴焉；积水成渊，蛟龙生焉；积善成德，而神明自得，圣心备焉。故不积跬步，无以至千里；不积小流，无以成江海。骐骥一跃，不能十步；驽马十驾，功在不舍。锲而舍之，朽木不折；锲而不舍，金石可镂。蚓无爪牙之利，筋骨之强，上食埃土，下饮黄泉，用心一也。蟹六跪而二螯，非蛇鳝之穴无可寄托者，用心躁也。是故无冥冥之志者，无昭昭之明；无惛惛之事者，无赫赫之功。行衢道者不至，事两君者不容。目不能两视而明，耳不能两听而聪。螣蛇无足而飞，鼫鼠五技而穷。

诗曰："尸鸠在桑，其子七兮。淑人君子，其仪一兮。其仪一兮，心如结兮。"故君子结于一也。

译文

土堆积起来成了高山，风雨就从这里兴起；水流汇积成为深渊，蛟龙就从这儿诞生；积累善行养成高尚的品德，自然就会达到最高的智慧，具备圣人的精神境界。所以不积累小步，就没有办法到达千里之远；不积累细小的流水，就没有办法汇成江河大海。千里马一跃不超过十步；劣马走十天也能走得很远，成功的原因就在于不停地走。雕刻东西，如果刻一下就停下来，腐烂的木头也不能刻断；坚持不断地刻下去，金石也能雕成形。

蚯蚓没有锐利的爪子和牙齿，也没有强健的筋骨，却能向上吃到泥土，向下喝到土壤里的水，原因就在于它用心专一。螃蟹有六只脚，两只大钳子，离开了蛇、鳝的洞穴却无处栖身，就是因为它用心浮躁不专一。因此没有专一精诚的精神，就没有清明的智慧；没有坚定不移的行为，就不会有巨大的成就。彷徨于歧路的人达不到目的地，同时侍奉两个君主的人，会被两者不容。眼睛不能同时看清楚两样东西，耳朵不能同时听清楚两种声音。螣蛇没有脚却能飞，鼫鼠有五种生存技能却常常处于困境。

《诗经》上说："布谷鸟在桑树上筑巢，公平如一地养育它的七只幼鸟。善良的君子们，他们的行为仪态多么坚定专一。坚持道义专一，思想才会如磐石坚定。"所以君子要坚定专一啊。

原文

昔者瓠巴鼓瑟而流鱼出听；伯牙鼓琴而六马仰秣。故声无小而不闻，行无隐而不形。玉在山而草木润，渊生珠而崖不枯。为善不积邪，安有不闻者乎？

译文

过去瓠巴一弹瑟，水中的鱼就会浮到水面来听；伯牙一弹琴，六马仰首而听。所以声音不会因为小而不被听见，行为不会因为隐蔽而不被看见。山里有玉，连草木都会润泽，深渊有珠，连崖岸都不会干枯。大概是为善而不积的人吧，若积善，哪有不为人知的道理？

原文

学恶乎始？恶乎终？曰：其数则始乎诵经，终乎读礼；其义则始乎为士，终乎为圣人。真积力久则入，学至乎没而后止也。故学数有终，若其义则不可须臾舍也。为之，人也；舍之，禽兽也。故《书》者，政事之纪也；《诗》者，中声之所止也；《礼》者，法之大分，类之纲纪也；故学至乎《礼》而止矣！夫是之谓道德之极。《礼》之敬文也，《乐》之中和也，《诗》《书》之博也，《春秋》之微也，在天地之间者毕矣。

译文

学习从哪里开始？在哪里结束？答曰：学习的方法，应当以诵读经文为起始，以研究礼法为结束。学习的意义，以做有志之士为起始，以成为圣人为目标。真诚力行，这样长期积累，必能深入体会到其中的乐趣，一直到身死才停止学习。所以从学习方法上说，通读经典虽有尽头的，但从学习的意义上说，以成为圣人为追求，是片刻都不能停止的。努力学习，就是人；放弃学习，就是禽兽了。《书》是记载古代政治事迹的，《诗》是中和之声的极致，《礼》是法律的根本，是万事万物的纲要，所以学习到了《礼》就达到了最终目的，可称是道德之极境啊！《礼》之敬重文明礼仪，《乐》之中正和谐，《诗》《书》之广博，《春秋》之精微，它们将天地间所有的道理都包括进去了。

原文

君子之学也，入乎耳，箸乎心，布乎四体，形乎动静。端而言，蝡而动，一可以为法则。小人之学也，入乎耳，出乎口。口耳之间，则四寸耳，曷足以美七尺之躯哉！古之学者为己，今之学者为人。君子之学也，以美其身；小人之学也，以为禽犊。故不问而告谓之傲，问一而告二谓之囋。傲，非也；囋，非也；君子如向矣。

译文

君子为学，听在耳里，记在心上，外散于身体仪态之中，而表现于一举一动之间。即使是极细小的一言一行，都可以作为人的楷模。小人为学，从耳朵里进，从嘴巴里出，口耳之间不过才四寸，怎么能够对七尺之躯有补益呢！古代的人学习是为了修养自身，现在的人学习则是为了炫耀于人。君子学习，是为了完善身心；小人学习，是为了卖弄和哗众取宠，将学问当作家禽、小牛之类的礼物去讨人好评。所以别人不问，你告诉了他，这是急躁，问一而告二，这是啰唆。急躁是不对的，啰唆也是不对的。君子应当如空谷回音一般，问什么答什么。

原文

学莫便乎近其人。《礼》《乐》法而不说，《诗》《书》故而不切，《春秋》约而不速。方其人之习君子之说，则尊以遍矣，周于世矣。故曰：学莫便乎近其人。

译文

学习没有比亲近贤师更简便的了。《礼》《乐》记载法度但没有详细的解说，《诗》《书》记载了古代的故事，而未必切于现实，《春秋》文辞简约，意旨遥深而难以迅速理解。效仿贤师而学习君子的学说，既能养成崇高的品格，得到诸经之传，又合于世用。所以说，学习没有比接近贤师更简便的了。

原文

学之经莫速乎好其人，隆礼次之。上不能好其人，下不能隆礼，安特将学杂识志，顺《诗》《书》而已耳，则末世穷年，不免为陋儒而已。将原先王，本仁义，则礼正其经纬蹊径也。若挈裘领，诎五指而顿之，顺者不可胜数也。不道礼宪，以《诗》《书》为之，譬之犹以指测河也，以戈舂黍也，以锥餐壶也，不可以得之矣。故隆礼，虽未明，法士也；不隆礼，虽察辩，散儒也。

译文

为学的要道，没有比亲近贤师更直接快速的了，其次才是遵守礼法。如果上不能对贤师忠心悦服，下又不能尊崇礼法，而只是学习、杂记百家之说，记通一些《诗》《书》的条文，那么就算学到老，也不免只是浅薄之陋儒而已。如果能溯源先王之道，推究仁义之本，那么学习礼就是其正途了。这就好像握住皮衣的领子，弯曲手指用力抖动，皮衣的毛自然都顺了。若不遵行礼法，而只致力于《诗》《书》，就无异于用手指测河，用戈戟舂米，用锥子到壶里取东西进食，是不可能达到目的的。所以，尊崇礼法，即使不十分明察善辩，也不失为守法之士；不尊崇礼法，即使聪明善辩，终究不过是浅陋儒生而已。

原文

问楛者，勿告也；告楛者，勿问也；说楛者，勿听也，有争气者勿与辩也。故必由其道至，然后接之；非其道则避之。故礼恭而后可与言道之方；辞顺而后可与言道之理；色从而后可与言道之致。故未可与言而言谓之傲；可与言而不言谓之隐；不观气色而言，谓之瞽。故君子不傲、不隐、不瞽，谨顺其身。诗曰："匪交匪舒，天子所予。"此之谓也。

译文

凡所问非关礼者，不必告诉他。所告非关礼者，不要再去多问。有人说到与礼无关的事，也不要去听。有意气求胜而无益者，不要同他辩论。所以抱着求道之心而来的，才能与之交往，不是为求道的就回避他。礼貌谦恭的，才可以告诉他达道的方法；言辞和顺的，才可以告诉他道的理论；脸色表现出从善之诚意的，才可以和他谈道的极致。不可以和他说却说了，叫急躁；可以同他说却不说，叫隐瞒；不看他的脸色而说，叫盲目。所以君子不急躁、不隐瞒、不盲目，谨慎地顺着那说话的对象来发言。《诗经》说：“不急迫，不怠慢，是天子所赞许的。”说的就是这个意思。

原文

百发失一，不足谓善射。千里蹞（同“跬”）步不至，不足谓善御。伦类不通，仁义不一，不足谓善学。学也者，固学一之也。一出焉，一入焉，涂巷之人也。其善者少，不善者多，桀、纣、盗跖也；全之尽之，然后学者也。君子知夫不全不粹之不足以为美也，故诵数以贯之，思索以通之，为其人以处之，除其害者以持养之。使目非是无欲见也，使耳非是无欲闻也，使口非是无欲言也，使心非是无欲虑也。及至其致好之也，目好之五色，耳好之五声，口好之五味，心利之有天下。是故权利不能倾也，群众不能移也，天下不能荡也。生乎由是，死乎由是，夫是之谓德操。德操然后能定，能定然后能应。能定能应，夫是之谓成人。天见其明，地见其光，君子贵其全也。

译文

射一百支箭，只要有一支没射中就不能叫善射。驾车行千里，而差半步不到，就不能叫善御。学者为学，而不能尽知其伦类，不能专一于仁义，就不能叫善学。学，就是求其专一，一会儿不学习，一会儿学习，那就不过是市井中的普通人了。从善者少，从不善者多，就成了桀、纣、盗跖之流了。能够全面彻底地把握所学的知识，才可以称得上是学者。君子知道学得不全不精，就不算是完美，所以诵读经典，以求融会贯通其大义，思索以求其精旨，设身处地，以古人所做的事情为楷模，而求其所处之法，根除一切害道之事，以保持学之所得。使眼睛非所学不想看，耳朵非所学不想听，嘴巴非所学不想说，心非所学不愿意想。等达到完全醉心于学习的理想境地，就如同眼好五色，耳好五声，口好五味那样，一心为天下着想。因此权力和利益不能打动他，众人不能改变他，天下之大也不足以动摇他的心志。生执于此，死由于此，这就叫德行操守。有德行操守就有定力，有定力才能应变外来事物。内有定，外能应，才可称为全人。天之所贵在其大，地之所贵在其广，君子所贵就在其全啊！

参考文献

1. 傅佩荣编：《傅佩荣译解论语》，北京：东方出版社 2012 年版。

2. 安小兰译注：《荀子》，北京：中华书局 2007 年版。

3. 潘树仁导读、译注：《淮南鸿烈》，北京：中信出版社 2014 年版。

4. 国务院参事室、中央文化研究馆编，袁行霈、王仲伟、陈进玉主编：《中华传统文化经典百篇》，北京：中华书局 2016 年版。

5. 彭良武编：《悦读》，广州：南方日报出版社 2019 年版。